昭和歌謡と人文学の季節

井口　貢
Mitsugu Iguchi

ナカニシヤ出版

昭和歌謡と人文学の季節●目次

序章

音楽と文学とリベラルアーツの昭和時代

1　GSとフォーク世代の最初の音楽

最初の音楽体験

音楽と文学、文芸。これらについて極めて私的な、生活誌からはじめたい。

私たちの世代ではよく話題になる、「君が最初に買ったレコードって何だい？」という問いかけ、私はそれを明確に覚えている。

幼少の頃に父親が名古屋で買ってきてくれた、七十八回転の硬質のSPレコード（直径三〇センチ、表面、裏面ともに一曲ずつしか入っていなかった）「月光仮面は誰でしょう」（一九五八年発表、作詞：川内康範、作曲：小川寛興）は別としよう。たとえそれが親からの小遣いからであったとしても、自らレコード店――それは彦根（滋賀県）の銀座商店街にあった「川原崎」という眼鏡店を兼ねた店であった――に赴いて主体的に買い求めたのは、当時絶大な人気を誇っていたグループサウンズ（GS）の筆頭で京都が生んだ、ザ・タイガースの「モナリザの微笑み」（作詞：橋本淳、作曲：すぎやまこういち）だった。一九六七年（昭和四十二）のことであり、小学校の六年生のときである。これがいわば、私の「昭和歌謡との出会い」の冒頭の一頁であった。

ただ、そのさらに前には黒澤明とロスプリモスの「ラビュー東京」（一九六六年発表、作詞：上原尚、作曲：中川博之）をはじめとする一連のムード歌謡があった。それは、隣家に独り暮らす国鉄職員の青年が、買ったばかりのセパレート型ステレオでよくかけており、暇なときには「聴きにおいで」と私を誘ってくれたからである。そしてその当時のもうひとつの楽曲が、ザ・フォーク・クルセダーズ（フォークルと当時誰もが俗称していた）の「帰ってきたヨッパライ」（一九六七年発表、作詞：松山猛・北山修、作曲：加藤和彦）だった。これは、一九六七年の年末、岐阜市随一の商店街である柳ヶ瀬の一角にあるお好み焼き店「マサムラ」の街頭で流れてきたのを聞いたことがきっかけだった（細かい話で恐縮であるが、「聴き」と「聞いた」は意図した使い分けであり誤植ではない。本文中では同様に、同じ発音をするが敢えて使い分け使用している語句は他にもある。例えば「思い」と「想い」など）。

最初の読書体験

次に本について語ろうと思う。物心ついて以来というと大袈裟かも知れないが、子どもの頃から本を読むことは嫌いではなかった。小学校時代は図書室でよく本を借りていた（お恥ずかしい話を暴露することになるが、わが家にはたった一冊の文庫本すらなく、週刊誌の類さえもなかった）。その頃の図書室の光景は鮮明に覚えていて、例えば、H・G・ウェルズ（一八六六－一九四六）の『宇宙戦争』や『タイム・マシーン』などのSFものや、一方でいわゆる偉人の伝記もの（こちらはなぜか日本人のものばかり）などを好んでいた。

日本の文学作品を、まるで大人買いをするかのように読み漁るきっかけをつくってくれたのは、「旺文社文庫」（一九八七年廃刊）だった。中学校一年生の時の夏休み直前に、課題となる読書感想文を書くためのガイドとして、学校側が旺文社文庫購入のための案内チラシを配布してくれた。私は、そこに十冊ぐらいのチェックを入れて担任に提出した。図書室に開架されていたこの文庫本は、ハードカヴァーによる美麗装丁であったが、購入したものはソフトカヴァー、しかし箱入りで今の文庫本では考えられないもので、私にはひとつ「大人の階段」を登ったような気がして、妙な嬉しさを感じた。夏休み前のことだった。購入した本の全てを覚えているわけではないが、記憶の範囲で列挙してみよう。

『坊ちゃん』（夏目漱石）／『高瀬舟』（森鷗外）／『河童』『鼻』（芥川龍之介）／『野菊の墓』（伊藤佐千夫）／『伊豆の踊子』（川端康成）／『小僧の神様』（志賀直哉）

なぜか私は日本の文芸作品ばかりを購入した。リストには日本以外に洋の東西の名作も入っていた。しかし、生徒たちの多くは一、二冊購入した程度だったので（もちろん購入は強制ではなかった）、これだけを購入した私に対しては「本当に全部夏休み中に読めるのか？」と揶揄のような言葉をかける級友もいたし、担任だった理科の教師も、怪訝顔だったように見えたのは気のせいだったろうか。なにせ、その頃夏休みといってもほぼ毎日練習があった野球部に所属していたから（後に訳あって、二年生で野球部を退部したことは心の分岐点となった気がする）。

ちなみにこのときの読書感想文は、『河童』か『小僧の神様』のどちらにするかを迷った挙句に、芥川を選んだ。

2　リベラルアーツへの導きとフォークソング

授業の「寄り道」が教えてくれたもの

そして三年時に新たに他校から異動してきた二人の教師との出会いが、私の音楽や文芸への関心を生むうえでの決定打となった。彼らは音楽と国語の教師であった（彼らがもしも二人とも転任してこなかったら、今の私はなかったかも知れない）。その詳細は別の拙著（『くらしのなかの文化・芸術・観光』『深掘り観光のススメ』）でかつて触れたので、今回の拙著では極力重複は避けたいが、場合によって本文中で最小限触れることになるだろう。

ただここに、そのキーワードといえるものを列挙し若干のコメントを付記したい。

音楽の教師から：「椰子の実」（作詩：島崎藤村、作曲：大中寅二）／柳田國男「遊海島記」伊良湖岬

国語の教師から：三島由紀夫『潮騒』／日本文芸史／人形浄瑠璃と冨田人形

いずれも、授業時間中に彼らから語られた話題と内容に関わるキーワードである。そして何よりも大切なことは、これらは「学習指導要領」において直接的には決して教授するよう指示されてはいな

い内容であるが、その「要領」の内容を補い生徒たちの心を豊かにしてくれる、いわば「余談と雑談」だった。こういう授業の「寄り道」は、それは生徒たちにとって、どうでもよいものや彼らに不快感を与えるものもあれば、その真逆で一生心に留め置かれ残り続けるものもある。授業の「寄り道」にも「文化」の可否は確かに存在する。

先に記したザ・タイガースのメンバーでドラムを叩いていた瞳みのる（一九四六－）は、バンド解散後奮起して東京の大学に進学し、著名な高校の国語教師となったが、その経験を次のように回想している。

（授業は）どんな方法であっても、心の中に何かが残ればいいんです。授業なんてものは、何も残らなくて、たぶん面白い話だけが残ります。でも、それは決してマイナスではないと思うんです。それが残っていない教師はつらいでしょうね。（瞳みのる『老虎再来』祥伝社、二〇一二年）

「椰子の実」がつなぐ文学と歌

ここで、上記のキーワードについて若干解説したい。

「椰子の実」は、島崎藤村（一八七二－一九四三）の詩集『落梅集』（一九〇一年）に所収されたものに、大中寅二が曲を付して、一九三六年（昭和十一）に唱歌となり、歌い継がれて今日に至っている。ただ、藤村はそれを実体験したわけではない。「小説家、観てきたような嘘をいい」ではないが、友人の柳田國男（一八七五－一九六二）の旅の途上での話を聴き及びそれをモチーフにしたのである。柳田のこの経験は彼の作品「遊海島記」（初出：一九〇二年、『柳田國男全集2』ちくま文庫、一九八九年）に詳しく記されている。ただ、渥美半島の先端、伊良湖岬（愛知県、現在は田原市）での椰子の実の発見が有名になった作品ではあるが、三河湾と伊勢湾を望む小島である神島（行政上は、三重県鳥羽市）の経済と文化が民俗誌、生活誌の視点から興味深く描写されている。三島由紀夫（一九二五－一九七〇）は、『潮騒』（一九五四年）を著すとき「歌島」という名に仮託して、「神島」を描いている。三島は「遊海島記」への敬意とともにここを舞台にしたと、私は勝手に想像している（拙著『暮らしのなかの文化・芸術・観光』法律文化社、二〇一四年）。

名も知らぬ遠き島より　流れ寄る椰子の実ひとつ
故郷の岸を離れて　汝はそも波に幾月

（島崎藤村）

私にとって、リベラルアーツとの最初の出会いとはつまり、中学生の頃の旺文社文庫と二人の教師との出会いという、音楽と文学・文芸の体験であったと思う。そしてもしも仮に、私のなかに人文知のヒトカケラでもあるとすれば、この体験がきっかけとなったと信じている。

3　プロテストソング、人文知、リベラルアーツ

「フォークの神様」岡林信康

音楽という点でさらにいえば、この頃ギターと出会いプロテストソング（日米の）を知り愛唱するようになった。プロテストソングといえば当然「反戦歌」が連想されるであろうが、被差別部落問題など様々な社会的矛盾に対峙する唄も数多くあった。「チューリップのアップリケ」「手紙」（岡林信康）、「受験生ブルース」（高石友也）、「自衛隊に入ろう」（高田渡）、「竹田の子守歌」（赤い鳥）などなど……。

そして、音楽の教師に借りたウッドベースの音色は今も忘れることができない。それは、エレキベースにはない味わいがあり、CDではなくレコードを感じさせてくれるものと近似している。

実は中学三年生だったこの頃、同級生のS君とH君とともに三人で「フォークル」の真似事バンドをやって、プロテストソングの多くをコピーしていた。とりわけフォークの神様といわれた岡林信康（一九四六ー）は、滋賀県近江八幡出身ということもありフォークルの京都よりもさらに身近で、私たち音楽少年にとっては憧れの存在であった。

彼は、国鉄（当時、今はJR西日本）近江八幡駅から指呼の場所にある教会の牧師の息子で、私はその教会を見に行ったりもしたものだった。なお、岡林が後に美空ひばり（一九三七ー一九八九）とセッ

ションすることになったときは新鮮な驚きと嬉しさを感じた。

私の好きなみつるさんは　おじいさんからお店をもらい
二人一緒に暮らすんだと　うれしそうに話してたけど
私と一緒になるのだったら　お店をゆずらないと言われたの
お店をゆずらないと言われたの

私は彼の幸せのため　身を引こうと思ってます
二人一緒になれないのなら　死のうとまで彼は言った
だから全てをあげた事　くやんではいない別れても
くやんではいない別れても

もしも差別がなかったら　好きな人とお店がもてた
部落に生れたそのことの　どこが悪い何が違う
暗い手紙になりました　だけど私は書きたかった
だけども私は書きたかった

岡林信康「手紙」(作詞・作曲：岡林信康、一九六八年)

この歌では、いわゆる被差別部落に生まれたことへの苦悩と悲哀が謳われていることはいうまでもない。

放送禁止や自主規制――おおらかな教師の恵み

実は、カウンターカルチャーとしてのプロテストソングのうち、少なからずの曲が放送禁止やレコード会社による自主規制でテレビやラジオから流れなくなってしまったという事実がある。今の若い人たちからみれば、想像できないだろうが。この岡林の楽曲もその例であり、また「チューリップのアップリケ」（一九六八年）もその対象となっていた。高田の「自衛隊に入ろう」も同様だった。そうしたなかでも大きく話題になったのはフォークルの「イムジン河」（一九六七年）の発禁事件だった（これについては、後述したい）。

こんな世相のなかでの私事である。バンドの真似事を音楽室で勝手にやっていた私たち三人に関わる話で恐縮であるが……と記しはじめると、読者諸氏の皆さんのなかでは、「処分を受けたか？」と推察の念がおこるかもしれない。しかし話はその逆である。

音楽のK先生や国語のA先生をはじめとする三年生担任団の教員が中心となって、五十分の時間を設定し、私たちの「ライヴ演奏」を企画してくれたのだ。もちろん放送禁止歌の「イムジン河」も「手紙」も唄ったし、ボブ・ディランの「風に吹かれて」やピート・シガー（一九一九－二〇一四）の

「花はどこへ行った」も唄った。ほとんどすべてが反戦歌だった。そしてフォークルの「戦争は知らない」を唄ったときには涙がこぼれたことを覚えている。ライヴを終えた後も、曲目も含めて、注意する教師などひとりもいなかった。

「ブラック校則」という言葉が姦しい今では、信じられないことかも知れない。

人文知とリベラルアーツ

「人文知」の大切さ、ということは様々な拙著の中でたびたび繰り返してきたつもりであるが、私が出会った上掲の二人の教師と瞳の回想にも、人文知の一端を考えるヒントがあるように思う。私自身の児童・生徒・学生時代の経験でいうと、「面白い話」ができない教師というものは、往々にして自分やその息子・娘たちの自慢話やときとしての夫婦喧嘩を余談に代えがちだった。そんな教師はつらいと思うし、生徒・学生側からみれば彼らを「つまらない」し「痛い」と思う。

人文知を育んでいくうえで、本当の意味でのリベラルアーツの学びこそが底流に置かれなければならないのではないだろうか。その点については1章でも触れたいと思うが、ここではまず、二〇二二年七月十八日付の朝日新聞に掲載された記事「「理系専攻を5割に」重視政策次々」の末尾にあった佐和隆光（経済学者、元滋賀大学長）の言葉を紹介しておきたい。

彼は、日本の教育制度に対する疑問として、専門科目の学びを「早く教えれば早く教えるほど良いというドグマ（教義）みたいなのがある」といい、「高校で文理双方の基礎学力、大学ではリベラルアーツ（教養）」を学ぶべき旨を指摘している。

確かに、すでに私たちが大学生であったころからそのようなドグマは点在しており、教養課程の廃止や一般教養科目の軽視の風潮はあった。「パンキョウ」という揶揄的ともいえる呼称とともに、リベラルアーツがもつ本来の意味や意義も「時代遅れ」の観を与えていくことになったのだろうか。

リベラルアーツという語を初めて聞いたのはいつのことであったか記憶にはない。ただ、私が高校三年生の時の担任教師のN先生が「大学では、人文科学・社会科学・自然科学という大別したら三つの範疇（カテゴリー）があって……云々、君たちは文系クラスなので人文ないし社会科学系の大学に進むと思うが、まずは教養課程で三つの範疇を一般教養という科目群から広く選択し学ぶのだ」という話をしてくれた。なぜかその頃、私は高橋和巳（一九三一―一九七一）の『現代の青春』（旺文社文庫、一九七三年）を読んでいた記憶がある。「青年期は一つの熱っぽい可塑体である」という高橋の一節に、まさに熱っぽい想いを馳せていた。今になって思えばであるが、熱っぽい可塑体であるときにこそ、将来何を学ぶにしても文芸・文学や音楽さらには歴史等々に触れる機会が大切なのではないだろうか。

高橋和巳についての余談――北原白秋とタカハシカズミ

高橋和巳という作家であり大学教員でもあった人。あの学園紛争の時代に学生の立場に立ってあたかもそれに殉じるかのように若くして、三十九歳で世を去った彼の名を私が知ったのは、高校一年生一学期の中間試験の頃だったと記憶している。「現代国語」の答案返却時の時である。ある生徒（K

君としておこう。彼は開業医の息子で、とてつもない文学青年で北杜夫や辻邦生に傾倒していた）が、答案への採点に対して疑義を呈した。おおよそ次のような文学史に関わる問いであった。それは、きわめて短答的で前後の文脈を記してはいなかった。ただ授業のなかでは、取り上げられてはいたが。

【問】『邪宗門』の作者名を記しなさい。

すなわち、教師が求めた正解は、北原白秋（一八八五－一九四二）であった。その正解を思いつくことができなかったのかも知れないが、しかし文学青年だったK君は「高橋和巳」と解答した。答案の「×」に対して、彼はその理由を問うたわけである。教師も苦肉の策で言い訳をしていたことを何故か昨日のことのように私は覚えている。例えば「【問】筑後柳川に生まれ、詩人、童謡作家として活躍した人物で『邪宗門』や「からたちの花」などを世に遺した人物は誰か？」といった発問であれば、答えはひとつに違いない。

しかし、たとえ中間試験であったとしても“All or Nothing”の採点にK君は疑問に感じたのだろう。実はこの試験で私は、芥川龍之介と解答した。もちろん教師は「×」をつけた。芥川に同名の未完小説があることをこの教師は知らなかったのではないかと思う。高橋のこの作品も、想像ではあるがこの教師が読んでいたとは感じることはできなかった。

いかなる場合でも、答えはひとつでしかないということは、少なくとも人文的世界ではあり得ないということである。

なお、これは落とし噺のようであるが、時は読売巨人軍の全盛期「V7」の頃である。ほとんど文学に興味をもたなかったある生徒が、冗談ともつかぬことをいって場を和ましてくれた。「へー、タカハシカズミってすごいね！　小説も書いているんやね？」高橋和巳が小説家である前に、中国文学を専門とする研究者であったことを知る生徒はK君以外にはいなかったかも知れない。しかしこの言葉の文脈上「タカハシカズミ」とは、巨人軍の左（サウスポー）のエース高橋一三（一九四六－二〇一五）を指していたことは、いうまでもない周知の事実だった。

教養小説としての『邪宗門』

高橋のこの作品について、若干の付記をしておきたい。この大河小説は、雑誌『朝日ジャーナル』（朝日新聞社、現在は廃刊）の一九六五年（昭和四十）一月三日号から翌六六年五月二十九日号まで連載されたものである。その後、河出書房新社から単行本として出版された。私が高校生の頃手にしたときは、たしか新潮文庫だったと思う。現在は河出文庫版や朝日文庫版での入手が可能である（河出文庫では、上・下二巻の構成、小説本文のみでも六〇一頁＋六一一頁という超大作といってよい。二〇一四年）。

教派神道そして新興宗教としての大本教をモデルにしたと思われる「ひのもと救霊会」に対する、戦前・昭和前半の宗教弾圧をテーマにした作品である。現人神とその祖先神以外を神として認めない国家神道に対峙した時代の、社会の様々な葛藤、文化政策や宗教政策という直面した問題に留まらず、広く日本とは何かあるいは日本に生きるということはどういうことなのかを問いかける、ひとつの大きな「教養小説」である。
私はわが国のノーベル賞作家の受賞作を読むよりはるかに、リベラルアーツという教養の充実感を与えてくれる戦後日本文学史上屈指の作品であると確信している。もちろん、私見ではあるが。しかもわずか一週間で次回が届くという週刊誌連載であるということにおける高橋の知力、筆力、そして取材力には驚愕せざるを得ない。

彼が夭逝すると間もなく雑誌『文芸』（河出書房新社、現在は廃刊）は、臨時増刊号として丸ごと一冊「高橋和巳追悼特集号」を発刊した（一九七一年七月、**図1**）。この冒頭では、吉川幸次郎（中国文学者、一九〇四－一九八〇）の「哀辞」や、桑原武夫（仏文学者、一九〇四－一九八八）の「弔辞」をはじめとする多くの著名な作家や研究者による追悼文が掲載されている。そのなかでも、『悲の器』（一九六二年に第一回河出書房「文芸賞」入選）で作家としての高橋を見出したといってもよい坂本一亀（河出書房新社編集者、一九二一－二〇〇二）の「回想」、美辞麗句で飾らない哀しみの表現に心打たれる。「政治と文学という戦いの場で、きみは壮烈な死を遂げたのだと私は思う」。坂本はそう結んでいる。

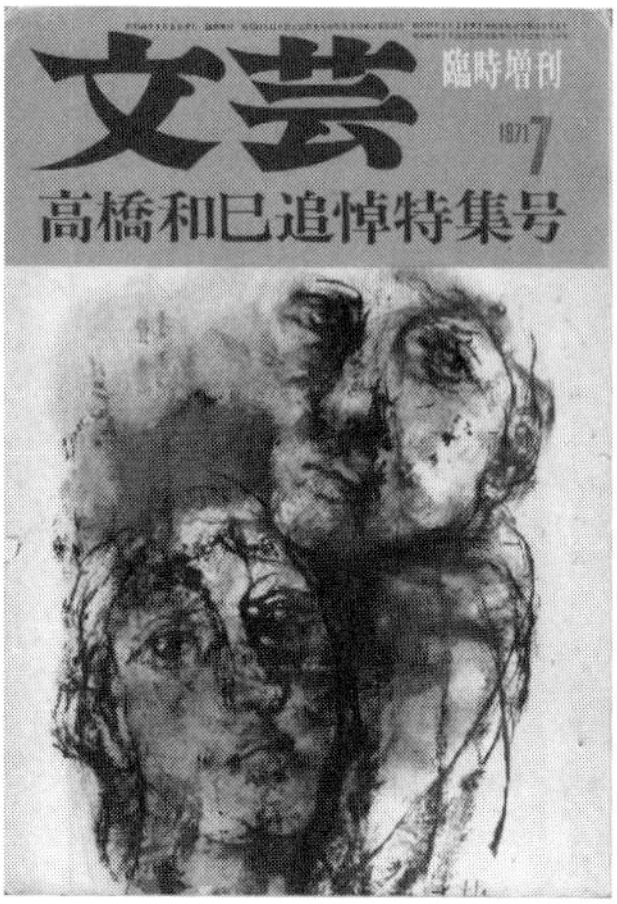

図1　『文芸』高橋和巳追悼特集号・表紙

ちなみに坂本の長男は、音楽家として多彩な活動を展開している坂本龍一（一九五二－二〇二三）

である。一九七八年（昭和五十三）に細野晴臣（一九四七－）と高橋幸宏（一九五二－二〇二三）とともに結成したイエロー・マジック・オーケストラ（YMO）の登場は、坂本を著名にしただけではなく、わが国の若者の音楽のシーンを多様に変えたといってよいだろう。

4 「四畳半フォーク」を経て「ユーミン」へ

ジブリ映画『風立ちぬ』とユーミン『ひこうき雲』

さて私が高校三年生になった年の一九七三年（昭和四十八）、南こうせつとかぐや姫の「神田川」（作詞：喜多条忠、作曲：南こうせつ）が爆発的ともいえる大ヒットを生み、「四畳半フォーク」の先鞭をつけた。地方から東京へ出てきて暮らす大学生の哀しみをも歌ったこの曲であるが、その一年前の一九七二年（昭和四十七）にすでにデビューしていた荒井由実（松任谷由実、ユーミン、一九五四－）は、よくいわれたことではあるが、「四畳半フォーク」に対するアンチテーゼのようにとらえられ、Jポップやシティポップの黎明期を担い、今でもユーミンに対する評価は高い。

彼女の初のアルバム（当時はLPレコードといった）『ひこうき雲』は実は、「神田川」と同じ年に発表されている。ここに収録された「ひこうき雲」（作詞・作曲：荒井由実）がスタジオジブリの映画『風立ちぬ』（二〇一三年）の主題歌となったことは有名である。

堀辰雄（一九〇四－一九五三）の小説『風立ちぬ』（一九三七年）や『菜穂子』（一九四一年）は、今でも文庫本で読めるが、前述の映画は堀の作品と併せ飛行機設計技師であった堀越二郎（一九〇三－一九八二）の生涯とその業績へのオマージュ（先行する作品に対して敬意をこめて、それを下敷きにして新たな文化創造の梃子とする）としても評価されている。そこに、リリカル（叙情的）なユーミンのこの楽曲が化学反応を起こし映画の大ヒットも生んだといえるだろう。哀しいけれど悲しさとは違う哀切さがそこに込められている。

なお、堀の作品群は短編小説ではあるが長きにわたり、愛され読み継がれてきたものであるということは付記しておきたい。『風立ちぬ』は、一九五一年（昭和二十六）に、新潮社から文庫化されたものについては、現在では一三〇刷近くの版を重ねている。同年輩の知人で作家の、「菜穂子さん」という人がいるが、その名の由来は「父が堀辰雄のファンだったので」と語っていたことがある。私たちの親世代によくありそうな話ではあるのかも知れない。昭和でいうと一桁代から十年前後が、普通にいえば父親世代である。『菜穂子』が公刊され、人気を博したころというと戦時下に少年時代の半ば、恋に恋しつつこの美しい名に得もいわれぬ憧れがあったのだろう。

松田聖子「風立ちぬ」と万平ホテル

もちろん『風立ちぬ』といえば、松田聖子（一九六二－）が唄った同名の楽曲（一九八一年発表、作詞：松本隆、作曲：大瀧詠一）、七枚目のシングルレコードを連想する人も少なくないだろうが、これは松本からの堀辰雄に対するオマージュだろうか。松本は軽井沢の万平ホテル（図2）のテラスの風をイ

図2　軽井沢万平ホテル（出典URL：https://commons.wikimedia.org/wiki/File:Manpei_hotel01s1600.jpg Author: 663highland（CC BY-SA 3.0））

メージしたと語っていたのを聞いたことがある。そしていうまでもなく、堀辰雄の上掲の作品は、軽井沢が舞台となっている。
私が万平ホテルを訪れたのは、残念ながら二十代の終わりの一度しかないが、高原のテラスで珈琲を飲むには少し寒い初冬だった。そこで室内に席を取り、レストランの内部に嵌め込まれたステンドグラスには、ゴルフに遊ぶ人々の様子が描かれており、その姿にスノッブな興を感じた。T・ヴェブレン（一八五七－一九二九）がいう「衒示的閑暇」の世界かと思いつつではあったが。そしてそこは、「赤い手拭をマフラーにして」銭湯に通う「神田川」の世界とははるかに隔たった時間と空間でもあった。当時であればまだ〝プチ・ブル的〟という言葉も、十分とはいえなくても生きていたと思うが。

風立ちぬ　今は秋　今日から私は心の旅人
……
高原のテラスで手紙　風のインクでしたためています
松田聖子「風立ちぬ」（作詞：松本隆、作曲：大瀧詠一、一九八一年）

5 〝偏愛〟的昭和歌謡と人文知

その時々に読んだ文庫本と聴いた音楽は、私にとって絶えず身近にあった。「歌は世に連れ、世は歌に連れ」という文言がある。それはある意味で間違ってはいないが、ときとして注意も要するように思う。

若い人々の間でも流行の兆しがあるという「昭和歌謡」もまた同様ではないだろうか。すなわち、「昭和歌謡」を戦前・戦中・戦後、そして平成、令和への序曲として広く捉えたとき、という視点で考えて欲しい。すべてを「昭和歌謡」という一言で捉えて礼賛することの非がそこにはある。そのことも後述したいと思うが、例えば戦中に多くの国民に対して「歌唱」することを促したような「軍歌」の類には、明らかに「大日本帝国」とレコード会社、作詞家・作曲家、そして著名な歌い手たちが一体となって画策したかのような、「負の文化政策」がここにはある。すなわち一九二六年から一九八八年まで、第二次世界大戦・太平洋戦争を挟んだ昭和という時代は、大日本帝国憲法下の天皇制絶対主義の時代と日本国憲法下の民主国家と高度経済成長の時代とが同居しているのである。

混沌とした「令和」の今、「昭和」は良かったと単純に礼賛するような人はいないと願いたいが、単なる懐古趣味（ノスタルジア）では、歴史を慮り「史心」を顧慮することには決してつながらない。

負の文化政策としての唄に対して「民謡」というジャンルがある。それについてはわが国を代表する碩学・柳田國男（一八七五―一九六二）のある言及を参照していただきたい（『民謡の今と昔』初出：一九二九年。『柳田國男全集4』筑摩書房、一九九八年）。

あるいは、柳田同様に自前の思想（西洋思想の借り物、まがい物ではない学問）を大切にした哲学者・鶴見俊輔（一九二二―二〇一五）のいくつかの言葉がある。「知識人の思想的伝統」「大衆の思想的伝統」「公的な字引」「私的な字引」……。

これら先人の思想をも手掛かりにしながら、本書では偏愛的ともいえる「昭和歌謡」をBGMに聴きながら、雑駁ながら「リベラルアーツ」や「人文知」と「文化」について考えてみたい。ともすれば「時代遅れ」になりがちなこのテーマを、若い人たちにこそ知っていただきたいと思う。「こんな良い歌があったんだ」と。

そして心は若いけれどという中高年の人々はもちろん、身も心も若さと元気を失ったと自ら悩み、老いていくことの寂しさを感じている人々には「回想法的」発想を駆使して子どもの頃、あるいは青春時代に聴いて熱中した楽曲のレコード盤に今一度、針を落として欲しい。この本がその一助にでもなればと念じている。「あの頃君は若かった」（ザ・スパイダース、一九六八年。作詞：菅原芙美恵、作曲：かまやつひろし）と悔いることはやめて、「私がオバさんになっても」（森高千里、一九九二年。作詞：森高千里、作曲：斎藤英夫）老いゆくことに胸を張って、時折「あの頃という名の駅で下りて、昔通りを歩」いて行きたいものだ。きっと「あなたの服の模様さえ覚」い出せるに違いない（さだまさし「主人公」一九七八年参照）。

付記

直前に「偏愛」と記した。1章以降で展開されるこの本は「昭和歌謡」と銘打ちながら、「名曲一〇〇選」風のディスコグラフィーではなく、あるいはそれとともにありそうな「ご当地ソング」本でもない。そうしたものについてはTV番組に委ねたいと思う。従って、「なぜこの曲が取り上げられていないのか？」とか「著名な歌手なのにこの曲は知らない」という声も聞こえるに違いないが、すべて「筆者の偏愛」ということと紙幅と私の能力の欠如ゆえにということで、ご寛恕いただければ嬉しい。

楽曲名については、LPレコード・アルバムは『　』で、収録曲やシングル曲は「　」で記した。作詞者名、また必要であれば作曲者名は（　）で記した。そして可能な限り、発表（リリース）された年は記せるように努めた。本来の歌唱者名も記してある（最近は、さまざまなカヴァーバージョンがあるので）。

また、「昭和歌謡」といいながら平成、令和の楽曲もごくわずかであるが取り上げてあることと、乱暴にも「演歌」も「シティポップ」も「歌謡曲」の範疇に入れたことに疑問をもたれる方もあるだろう。それもまた、お許しいただきたい。ただ広義に考えたときには、わが国の「歌謡曲」の範疇には、民謡や演歌、フォークソング（プロテスト、カレッジ、四畳半……）も、ニューミュージック、J

ポップ、シティポップ……等、広く入れてよいと考えている。

参考文献・引用文献についても本拙著は一般書であることを踏まえ、極力入手しやすい文庫本や新書本を中心にしつつ、すべて本文中で出所を明示した。

そしてとりわけ文庫本の多くは、近現代の古典を中心に紹介、援用をしている。ゆえに複数の出版社が版元となっている場合は、あえて文庫名は示さず初出年のみを示した。初出年を示した理由は、それが著された時代というものを、イメージしていただきたいからである。そして、文庫化された年も基本的には表記した。さらに煩雑さを避けるために、引援用の場合でも、その該当ページについては表示していない。

また俗にいうところの「先行研究」とされる「研究書や研究論文」の類は紹介することを避けた。それは一般の読者の方々には入手し難いこともあり得るとともに、リベラルアーツを学びあるいは人文知について想いを馳せるとき、高価な先行研究的研究書やネットでしか閲覧できない研究論文など（一般の書店では手に取りにくい、あるいは取れないものも少なくない）より、千円未満で十二分に購入可能で長きに渡り読み継がれてきた文庫本の方がはるかに「本当の為になる」と考えたからである。それは、将来研究者を目指す人は別にして、ということになるかも知れない。研究分野によっては、まさに一冊の文庫本であってもその原典を「テクストとして読む」（懐かしい響きだ！）ことが大切であることはいうまでもないが。あえて例えていうならば、わが国の地域文化や観光振興について学ぼうとするとき、最大の先行研究は柳田國男（一八七五－一九六二）の「遊海島記」（一九〇二年）や『遠野物語』（一九一〇年）であったり、宮本常一（一九〇七－一九八一）の『忘れられた日本人』（一九六〇年）こそが先行研究の原点であるということだ。司馬遼太郎（一九二三－一九九六）の『街道をゆく』（初出：『週刊朝日』に連載。一九七一年一月－一九九六年二月絶筆）の連作もここに加えてよいと私は考える。司馬のこの連作に対する宮本の、短いが真摯で秀逸な左のコメントが二人の思いを的確にとらえている。

（『街道をゆく』は）考える旅であり、発見の旅……必ずしも有名な名勝や古蹟や温泉などをたよりにして歩くのではなく、何でもないようなところをあるいても、そこに発見の喜びがあり、またものを考える課題を与えることによって旅の意義を感ずるからである。（初出：日本観光文化研究所「街道をゆく　ツアーパンフレット」一九八一年）

今日、昭和歌謡が再評価されている理由の一端には、この宮本の言葉にも似た「発見」と「課題」への喜びがあるのではないだろうか。

さらに蛇足となるが、今まで拙著の多くでは本文中で注を付し、末尾でそれを解説したり、関連文献を紹介してきたが、本書ではそれも避けて、本文中で完結できるよう簡潔さに努めた。

1章

リベラルアーツを独り愉しむ

1 「一般教養」科目とリベラルアーツ

リベラルアーツって何だろう？

序章でも少し触れたが、リベラルアーツという言葉は、年配の人たちはもちろんのこと、若い人たちの間でもしばしば耳にする言葉だろう。

それを日本語に訳すると、かなり茫漠としたイメージもときとして伴いつつ、一定の偏った印象を与えがちであることも否めない。その発想の源流は、古代ギリシャ思想・哲学を源流とするものの、わが国では簡単に一言で訳して「教養」あるいは「一般教養」を意味するものとして認識されてきた傾向があった。そして何か高尚で、難しそうなものというイメージが付きまとうこともしばしばであった。

例えば音楽の世界では、クラシック音楽は高尚で、それを聴くことによって教養が高まり、文化人であることのひとつの存在理由と思われ、その一方で歌謡曲などのポピュラー音楽は低俗で、教養を磨くに足りぬものにすぎないという、まさに偏見と固定観念（ステレオタイプ）に基づく誤解もかつてはあったのではないだろうか。

一九六六年（昭和四十一）ビートルズが初めて来日した当時の、いわゆる一部の知識階級の人たちによる「不良」を見るような眼と、それに付和雷同する人々の存在はまさにその恰好なひとつの事例であった。

一方、大学教育の現場では、「一般教養科目」として私たちが学生だった頃はむしろ「パンキョウ」などという半ば揶揄的な表現さえあった。学生たちの間では「専門科目」よりも低い位置で捉えられ、卒業するために必要な「必修科目」ではあるが、「消化科目」のような印象が広がっていた。

一般教養科目は、「人文科学」「社会科学」「自然科学」それぞれの範疇から、何科目（何単位）以上を満遍なく履修しておかないと卒業できないという「苦役」のようなものであった。もちろん、これ以外に、「語学（二か国語）」と「体育（講義と実技）」が必修科目に加わるのだ。

それはある意味で古代ギリシャからの捉え方を踏襲していたのかも知れない。その起源については、浦久俊彦（一九六一－）が『リベラルアーツ──「遊び」を極めて賢者になる』（インターナショナル新書、二〇二一年）の第一章と二章のなかでわかりやすく記述しているので参照されたい。

大学と教養課程──ひとつの体験①

今にして思えば、という落とし噺である。学生・生徒・児童の頃という形で簡単に自分史（自分誌）を遡ってみよう。大学時代の一般教養科目受講体験は、ほとんど記憶に残っていない。ただ「哲学」については、教師は延々と中世のヨーロッパ哲学史を紹介するだけであり、「誰それは、こう述べた……」調が続いたのを覚えている。大学の「哲学」の講義ならば、教師は自らの「哲学思想や体験」を語ってくれるものだと期待していたが、高校時代のN先生の「倫社」の方がよほど面白く刺激的だったという印象が否めないままに、単位を消化した。

一方で、「英語」の授業である。普通は、リーフレット風の比較的薄い英文学の作品の講読というケースが周囲では多かったように思う。あるいは、現代的な時事英語という場合もあったかと思う。当時、私たちの大学では英語については二年間で四種の英語文献を、それぞれの担当者が分かれて講義し、そのすべてを履修することが義務付けられていた。

しかし、二年次に受講した英語は、少し違っていた。研究社が当時出していたシェイクスピア（一五六四－一六一六）の作品集の一冊『ハムレット』、これはほぼ原書（初出一六〇一年頃）に近くもちろん戯曲として記されたものを講読するという講義であった。例えば、"you"は"thou"と記されているのである。

高校生の頃、ＥＳＳ（ＥＬＣ：English Learning Club、と呼ばれていたが）に所属しており、文化祭の折に英語劇で「ハムレット」を演じた経験があったので、この講義はとても刺激的であった。

そしてこの講義に落ちが付いたのが、期末試験であった。たった一題、そこには穴埋め問題もなければ、部分和訳もなかった。

【問】To be or not to be. That is a question. これを和訳して下さい。

これはまさに自由な（リベラル）学芸（アーツ）だったと私は信じている。そしてこの「哲学」の講義と「英語」の授業を聴き較べてみたときに、学生たちにとってどちらが真のリベラルアーツを涵養するものであったといえるのか。それは想像に難くないことだろう。

シェイクスピアと学生街の喫茶店――ひとつの体験②

シェイクスピアの研究者であったこの教官、Y先生と記そう。今は鬼籍におられるY先生であるが、当時一方で尺八の師範で、講義の合間に閑話休題とばかり、得意の腕前を披露してくれて、その後何も語らずにシェイクスピアに戻られた。また、余談として話され、私の心に残っている一言がある。「君たち、本を買ったらすぐに下宿に帰って読んではいけない。先ずはお気に入りの喫茶店へでも行って、そこで珈琲を飲みながら最初の頁を開くようにしてください。」

この時Y先生は、その理由は語られなかった。その行間を読めとばかりに。

そして先生は、講義が終わるといつも「これから喫茶店に行きますが、一緒に来る人はどうぞ！」と珈琲に誘ってくれた。場所は大学近くのジャズ喫茶「カルタゴ」が多かったが、ときとして足を延ばして繁華街に赴き、和菓子店の二階にある「風月」で話題を広げた。「次の時間も講義がありますので……」と理由をつけて、この課外講義に出席する学生はほとんどいなかったと思う。そのことは、私にとって幸いであり、もちろん出席し続けた。次の時間に講義があったか否かは、全く私の記憶のなかにはない。

ちょうどその頃、ガロ（活動期間：一九七〇－一九七六年）の「学生街の喫茶店」（作詞：山上路男、一九七二年）が評価され大ヒットとなった余韻がいまだ残るなか、これが『高校音楽1』（教育芸術社、一九七六年）に所収の1曲として採用され、音楽好きの私たちの間では少しばかり話題となった。

そして文部省の教科書検定に興味をもち、家永三郎（一九三一－二〇〇二）と家永教科書裁判の判例を「憲法」の講義で学んだ学生仲間の間でも大きな関心を惹くことになった頃のことである。それは「日本史」叙述へのイデオロギー的な疑義ではなく、いわば「歌謡曲」を教科書にということを認めた文部省、ということに対する関心であったが。今でこそ音楽の教科書のなかで歌謡曲が使用されることは稀ではなくなったが、これが一九七六年（昭和五十一）のことであったということを想起したい。

あの頃は愛だとは　知らないで　サヨナラも言わないで　別れたよ　君と

という有名な一節とともに、「片隅で聴いていたボブ・ディラン」という一句がなぜか時代を象徴しているように思えたのは、この頃のことである。

2　大衆文化もリベラルアーツに寄与しうるということ

ボブ・ディラン「風に吹かれて」——ひとつの体験③

プロテストソングの名手でシンガーソングライターのボブ・ディラン（一九四一－）の名曲といっ

てよい「風に吹かれて」（一九六三年）は、中学生の頃より私たちは熱心に聴き愛唱していたが、その後ノーベル文学賞を歌手として初めて受賞することになる（二〇一六年）とは、夢見ることも想像することもできなかった。

ただその前後のわが国は、高度経済成長がもたらした「平和」を謳歌し、文化も爛熟化する様を表現した「昭和元禄」という言葉が流行語となる時代であった。しかしベトナム戦争は長期化しており、若者たちを中心にサブカルチャー、カウンターカルチャーもまた成熟期を迎えたのである。新宿西口地下広場では、ベトナムの平和を訴えるおよそ三千人の若者たちが反戦歌としてのプロテストソングを歌いに、毎週土曜日の夜に集結していた。そして「ベ平連（ベトナムに平和を、市民連合）」の活動と相まって「新宿西口フォーク集会」として耳目を集め、地方に住む田舎の中学生だった私にすらいやがおうにも、その関心は喚起された。そして彼らの活動が最高潮に達した一九六九年（昭和四十四）は、翌年に「日米安全保障条約」の自動延長が迫っていたのである。

私たちにとって「風に吹かれて」は洋楽の反戦歌であるが、いわゆる歌謡曲とその歌詞がノーベル文学賞として評価されたということは、本章の冒頭で記したクラシック音楽とビートルズの話をも念頭において考えてみると興味深いのではないか。

上に洋楽という表現をとったが、「洋楽は素晴らしいけど、邦楽はいまひとつだな」という捉え方が、私たちが音楽を聴き始めた頃にはすでにひとつの「偏見」として存在していた。しかしそれが演歌であれシティポップであれ、スタンダードナンバーとして歌い継がれているようなものはもちろん、忘れられた名曲のなかにも必ず、自省し社会を見詰めるために必要な「教養（リベラルアーツ）」の綺羅星は、確かに存在するに違いないと信じている。それは曲調の秀逸さや歌い手の表現力はもちろんだが、詞が有する詩的共感力の存在が根底にあるということを、決して忘れてはならないだろう。文化には優劣をつけることはなじまない。差異はあっても。

また、演歌や反戦歌とシティポップ、いずれもどれがより優れているかと判断することはできない。その差異は十二分にわかっても。しかし、そのいずれもが人生に何らかの彩合いや勇気や元気、新たな生き方を求めるための回復力などを与えてくれることがあり得るということを、私たちは経験的に認識しているはずだ。あるいは、青春時代に感銘を受けた楽曲が、晩年に差し掛かった頃に心のなかに蘇ることで、限られた人生のカウントダウンの時を知り、「晩節を汚すことなく、より良き後半生を！」と念じることができたとすれば、それもリベラルアーツが寄与するひとつの力ではないだろうか。

リベラルアーツを涵養するもの

そしてこれはあくまでも私見に過ぎないが、リベラルアーツを学び希求することは、より良き生き方を自らのなかで探求することにつながる。それは後述する「ファスト教養」ではできない。何かすぐに役立つこと、例えば就活時の面接対応や、資格試験合格のための傾向と対策、さらには社内での昇進試験のためとか……等々の費用対効果を基本に置く行為、それらとは距離があるものではないだろうか。

つまるところ、いわゆる高尚な文化のつまみ食いが、リベラルアーツを涵養するものではないのである。高尚な文化も、その一部のみが費用対効果の俎上に乗せられ利用（ときに悪意とともに）されたときに、それは「ファスト教養」に転化する。一方、大衆文化は時代の奔流にときとしてあらがいつつもその命脈を保ち続けたときにこそ、それは人々に大きな意味や意義を再確認させてくれるであろう。反戦歌という大衆文化の象徴が、発表されて五十年以上経過したのちにノーベル文学賞を受賞したように。

「一体どれだけ大砲のタマが飛べば、世界に平和が訪れるというのか？　風に吹かれて、そのなかで風に聴くしかないのだろうか？」（井口、私訳）と唄いあげたボブ・ディランのこの叫びは、ウクライナ情勢が象徴するように（それだけではないが）今も響き続けていることを忘れてはならない。そのことは、ノーベル文学賞受賞が持つ大きな意義のひとつではないだろうか。

学生街の喫茶店の片隅でボブ・ディランを聴いていた若者たちも、今では老齢の域に達している。しかし幾つになったときでも失くした恋の想い出だけではなく、間違いなくディランの歌声とともに寄り添ったあの時代の風を、忘れてはいないはずだ。

シンガーソングライターの浜田省吾（一九五二－）は、そのような青春時代を過ごしていたのだろう。

壁に描かれた俺達の明日なんて崩れ落ちる
狂気に満ちたゲームに撃ち抜かれ　今夜二人泣きたい程　みじめな気分で歩き続ける
明日は瓦礫の街へ　お前は魂を売り買う通りへ戻ってく　だけど

泣かないで　俺達の愛は誰にも触れさせない
泣かないで　俺達の明日誰にも渡さない

69年の夏は路上に燃え上がる幾つもの幻影（ゆめ）を見たよ
浜田省吾「明日なき世代」（作詞・作曲：浜田省吾、一九八〇年）

歌と思想と学生運動

これは全くの余談であるが、そして仮の、またひとつの落とし噺でもある。私たちが大学生だった一九七〇年代の中盤のころ（学生運動が収束して数年が経過していたころ）、就活面接で「愛読書は？愛唱歌は？」と聞かれたとしたらいかに応えるべきか（今はこうした思想信条に関わる問いかけはできないはずだが）……「『資本論』と「風に吹かれて」です」と応じたら即座に不採用になったに違いない。おそらく、政界も業界も学生運動の再燃に、かなりの恐れと危惧を抱いていた時代であった。私的な話であるが、私が大学に入学する時ですらまだその余波は確かにあった。入学金を収めたある私大から「バリケード封鎖中のため、入学式は挙行できません」という旨の通知が来たことを覚えている。そして、実際に入学した国立大学の方では入学式は挙行されたものの、その最中に赤いヘルメットを被った十数名の学生たちが隊列を組んで入ってきてアジテーションを行い、式は一時中断した。校門の外では機動隊員を乗せたバスが待機していたことを思い出す。

いつか君と行った　映画がまた来る　授業を抜け出して　二人で出かけた
……
僕は無精ヒゲと　髪をのばして　学生集会へも　時々出かけた
……
就職が決まって　髪を切ってきた時　もう若くないさと　君にいいわけしたね
バンバン「『いちご白書』をもう一度」(作詞・作曲：荒井由実、一九七五年)

野放図で放縦ではない自由――ひとつの体験④

以上は学生時代の体験であるが、さらに生徒(中高生)の時代に遡りたい。
私が在籍していた高校は、国宝の城内にあり旧藩の藩校が前身であると主張する人たちも少なくなかったが、おそらく他校と比したとき相対的に自由、すなわちリベラルな時間と空間があった。何といっても大学と同様に「休講」という制度があった。毎朝八時三十分に「本日の休講」が掲示されるのを楽しみにしながら私たちは登校した。そして「補講」というものは制度としてなかった。さすがに現在ではあり得ない。このような昔話を、この高校の卒業生で、現在私のゼミに属している学生のKさん（三年次生、関西地方では三回生という）尋ねたところ、驚愕の眼でみられてしまった（何といっても、多くの大学ですら今は「補講」が義務づけられているところが少なくない）。休講の際には、図書館での自学自習はいうまでもなく、まちなかの書店に行くのも、近くのラーメン店や食堂、喫茶店などに行くことも暗黙の了解事項であったように記憶している。教師のなかの一部ではあったが、担当授業が三時間目から始まるという場合、十時過ぎに徐に出勤するという人も時折みかけた。「時間休」などなかった時代である（このことの良し悪しについては、あえて問うことはやめよう）。

またときとして、校門の前で朝にビラまきをする教師もいれば生徒もいた。「時代」かも知れないが、野放図で放縦ではない自由（リベラル）がそこにはあったと思う。「何をしても俺の勝手だろ！」という一線は決して超えない自由があったのだろう。

すなわち、リベラルアーツとはたとえそれが与えられた素材によるものであったとしても、まず自らのなかで主体的に取捨選択し、そして自省と自制、自律と自立を忘れることなく学び取り涵養していくものなのだろう。そのとき「ひとり愉しむ」時間を決して忘れてはならない。それを忘れたときには、せっかくの素材も付和雷同化の一味となり同調圧力を促すことに寄与してしまう。

不透明な時代、ウクライナとロシア、中国と台湾、コロナ禍とそれを巡る諸対応、元首相暗殺と国葬、旧統一教会、東京五輪受託収賄疑惑、とどのつまりは国会議員の「パパ活」疑惑のほっかぶり等々とそれに関わる様々な報道（本書の原稿を記している二〇二二年の夏現在）。

ここには、本当の意味でのリベラルアーツとそれが育むはずの人文知のひとかけらもない。誤解と語弊を恐れずに敢えていえば、ということであるが（私自身も、偉そうなことはいえないけれど）。かつて柳田國男は自由と放縦の履き違えを危惧したが（『故郷七十年』一九五八年、『柳田國男全集21』筑摩書房、一九九七年）、liberalという英語が「自由」と訳されるとき「放縦」と曲解されることを危惧していたに違いない。

人生の基礎となる教え

先に、大学の「哲学」と高校の「倫社」という話題を振った。大学時代の「哲学」の講義では、今も覚えているのはG・ヴィーコ（一六六八－一七四四）というイタリアの哲学者の、その名前のみである。極端ないい方になるが、そのことは今の私の人生に何も残っていない。それに対して、高校時代の「倫社」を担当してくれたN先生の授業はとても刺激的だった。西田幾多郎（一八七〇－一九四五）をはじめとする京都学派の哲学の系譜と伝統を学生時代に学んだ彼の授業は、深い面白さがあった。「止揚」や「疎外」、「純粋経験」といった独特の哲学用語を、私たちの現実の社会のなかで理解できることの基礎を、N先生は教えてくれた。そしてそのことが、私が大学の教壇に立って講義することのできる基礎のひとつとなっている。

また英語担当だったT先生は大学時代には「三田文学」に傾倒した文学青年で、何故か高校三年生だった私に『西脇順三郎全集』（筑摩書房、一九七一－一九七二年）を、大きな風呂敷に包んで貸してくれたことを覚えている。

西脇順三郎（一八九四－一九八二）は、わが国を代表する英文学者であり、詩人であり作家であった。川端康成（一八九九－一九七二）が日本人で最初のノーベル文学賞を受賞した一九六八年（昭和四十三）に、谷崎潤一郎（一八八六－一九六五）とともに西脇は受賞の候補者となっていた。

文化やその成果に優劣をつけることは難しいが、「なぜ川端だったのか、西脇や谷崎ではなかったのか？」ということは、昭和文学史・文芸史を考えるひとつのテーマではあるだろう。例えばこれは川端も認めるところであったが、川端作品の翻訳者としてのE・G・サイデンステッカー（一九二一－二〇〇七）の影響が大きかったといわれている。私は、学生時代にそのサイデンステッカーの講演を聞いた記憶がある。Y先生とは別の英語の先生であったK先生がサイデンステッカーとは知己の関係であったため、大学の教室に招かれて登壇した。

私がひとつだけ覚えていることは、川端の『伊豆の踊子』（一九二六年）を翻訳するときのサイデンステッカーの苦労話である。それは「とことことと笑った」を英語ではどう表現すればよいかという苦慮であった。私たち日本人にとっては「とことことと」笑うという行為のイメージを理解できないわけではない。しかしながら、この笑いの主語は主人公である「私」（第一高等学校の学生、男性）であったという点に、少しの戸惑いはある。「ことことと」笑うのは女性言葉という印象があったからだ。あるいは、先入観といっても良い。

少し横道にそれたかも知れない。しかし大学受験を控えた生徒に、風呂敷包みでこの全集本を貸してくれたT先生のおおらかさと自由さは、偏差値という統計数値だけでは測れないもう少し先の将来を見据えることの大切さを教えてくれるものであったのかも知れない。「偏差値に対応した大学に入るということのみ」ではなく「入ってから何を学びたいのか、そのためにはどこへ入るのか？」ということの大切さ。

3 「1＋1＝2」を強いることとリベラルアーツとの差異

生徒としての中学時代の体験については、「序章」で少し触れた。

また本章において触れたのは、高校時代と大学生の頃の話であった。ここではピンポイントではあるが、小学校四年生のときのある給食時間のときのエピソードである。教室では担任とともに給食を頂き、おおよそ皆が食し終えた頃を見計らって担任が雑話するというのが通例となっていた。T先生はある日こんな一言を発した。

「僕はいつも思うんやけど、1タス1はホンマに2なんやろかと」。昼の光が差す教室のなかでのこの光景を、私はなぜか今でも鮮明に覚えている。多くの生徒が、嘲笑ではなく笑った。T先生は、詳しい理由は発しなかった。「君たちも考えてごらん」というのみであった。

（これは全くの余談であるが、T先生はいつも「僕」と自称し、決して自らを「先生はね……」などといって話すことはなかった。他の多くの教師は自らを「先生」という主語で呼んでいたなか、私はT先生に得もいわれぬ優しさと共感を覚えていた。また私たちを、いつも「君たち」と呼び掛け、決して「お前ら」ということもなかった。これも他の先生とは違う点であった。彼は、定年まで校長になることなく一教諭を貫いた人であった。ここで、江戸時代から残るとされる川柳を一句――「先生と　呼ばれるほどの　馬鹿じゃなし」）。

すでに紹介した新書本『リベラルアーツ』の著者である浦久俊彦は、「はじめに」のなかで、彼自身の小学一、二年生の頃のある事件を語っている。「このささやかな事件が僕の人生を変えた」ともいう。どのような事件であったかというと、「1＋1がなぜ2になるのか？」とある教師に質問したというのだ。するとその教師は、「そんな屁理屈ばかりでは、ろくな人間になれない！」とひどく怒鳴ったという。浦久は「日本の学校教育はダメだ！」と憤慨して「猛然と学校の勉強をボイコットしてしまった」という。

浦久は一九六一年（昭和三十六）生まれ、私より少し若いが同世代といってよいだろう。私の小学生の頃も、浦久に対したような教師が圧倒的に多かった。T先生と出会う前の三年時の担任は、あるとき植物学者の牧野富太郎（一八六二－一九五七）の話をした。なぜか牧野の妻について話題が転じたとき、私はその担任に尋ねなくてもよいようなことを問うてしまった。「牧野富太郎は、奥さんとはいくつ違いだったのですか？」と。浦久と同様に、私は怒鳴られた。「そんなこと知ってどうする？

お前は、その人と結婚するわけでもないだろう」。まさに暴論だ。私が、なぜ牧野の妻の年齢を担任に尋ねたのかという詳しい理由は、ここではあえて記さないが、全く意味なく尋ねたわけではなかった。その担任が質問の意図と回答の仕方を知らなかっただけに過ぎない。

話題を戻そう。T先生が児童に伝えたかったことは、恐らく「社会のなかで、答えは決してひとつのみではない」ということだったと思う。今になって思えば、ここにひとつの人文知があったと思う。

4 ファストな教養

教養と費用対効果

費用対効果やすぐに役立つことのみを求めることは、およそリベラルアーツに至る道ではないのかも知れない。いみじくも、『中央公論』(二〇二二年四月号)では、「読書の役割、教養のゆくえ」という時宜を得た特集を組んでいる。そのなかで「ファスト教養は何をもたらすのか」という一文が、音楽ブロガー・ライターのレジー(一九八一-)によって寄稿されている。

そこで彼はリベラルアーツの真意とは似て非なる「ファスト教養」がもつ危惧について論じている。それはつまるところ、費用対効果としてすぐに役立つという打算性で利用される似非ともいえる「教養」に対する懐疑の念である。少し長くなるがその一部を引用してみたい。

仕事をスムーズに進められる。その先には、収入アップや出世という結果が見えてくる……こういった流れを生み出すためのフックとして、教養というものの重要性が各所で説かれている。〔中略〕読書を含む文化に関する行動、さらに言えば「金を稼ぐことことは直接関係しないあらゆる事象」が、ビジネスシーンで使われる道具として位置づけられていくことに居心地の悪さを覚えもしないだろうか。〔中略〕自分自身がそれを好きかどうかは大事ではないし、だからこそ何かに深く没入するよりは大雑把に「全体」を知ればよい。そうやって手広い知識を持ってビジネスシーンをうまく渡り歩く人こそ、現代における教養のあるビジネスパーソンである。着実に勢力を広げつつあるそんな考え方を、筆者は「ファスト教養」という言葉で定義する。

そしてレジーは、YouTubeチャンネルを例にとり「教養コンテンツとしてたくさんの人々に受け入れられている」背景にあるのは「生き残りへの不安ではないだろうか」と問いかける。YouTubeチャンネルを「新時代を生き抜くための教養」として鼓舞する、ユーチューバーでもある芸人（?）のオリエンタルラジオ・中田敦彦の行動に一定の留保の必要性を説く。

従前の教養という概念がノブレス・オブリージュにもつながる「社会全体への知への還元」とでも言うべき発想を（仮に建前だったとしても）含んでいたのに対して、中田がフォーカスしているのはあくまでも「個人の成功」だという点である。（傍線、引用者）

レジーによる「教養」と「ファスト教養」の差異は、おおよそ次のようにまとめることができるであろう。すなわち、今の時代の「教養」は必ずしも読書によって支えられているのではない。そしてYouTubeこそが「ファスト教養」の牙城となっている。そして両者の間の大きな違いは「公共性」の存否であるということ。公共性を失った「ファスト教養」の発想が社会に浸透することに対して危惧するのである。

教養、読書、歌謡、そして公共性

リベラルアーツを、そして人文知を涵養するための基本は、読書であると私は考える。読書もYouTubeもまずは広くその門戸が開かれており、「独り愉しむ」ところからスタートするのも確かだろう。確かに本の書き手にも、SNSの発信者にも匿名性や匿顔性は存在する。しかし受け手にとって大切なことは、独り愉しんだあとの心の過ごし方とその広がりのための方法である。

あくまでも相対的な私見ではあるが、さらにこの問題について歌謡曲を取り巻く現在の状況にまで移行し鑑みてみたい。昭和歌謡と直近の歌謡（平成後半期から令和の歌謡）を比したときに、「公共性」に基づいた「知への還元」への責務が、「個人の成功」へと移行しているのではないだろうか。SNS化が急速に進み、「ゼロワン社会」「1＋1は絶対2」という発想が一層深化すればするほどに、「独りを愉しみ」その結果狭小な「独り」を抜け出ることができずに、狭少さのなかでさらにそれを肥大化させてきたのではないだろうか。

矛盾するように聞こえるかもしれないが、「独り愉しむこと」が悪いわけでは決してなく、あらゆる思考的行為は独り愉しむことから始まると私は思っている。しかしそこで得たことを、「公共性」に基づいて何らかの形で還元することを忘却し、あるいは忘却を偽装し自己だけのものとして愉しみ、そして「独り芝居」を演じ楽しみ続けることの非を問う必要があるのではないだろうか、ということだ。

今後もはやおそらく例えば、漱石も鷗外も清張も司馬も現れないように、「令和歌謡」のなかからスタンダードナンバーとして五十年、あるいは百年後までも歌い継がれていく歌謡曲が登場しなかったとしたら、あまりにも寂しく悲しい社会となってしまう。いま、メディアを中心に「昭和歌謡」が再度注目されている背景にあるその理由のひとつは、そうした危惧に対しての暗黙の警鐘なのだろうか。

さて、桑田佳祐が同学年の世良公則、佐野元春、Char、野口五郎をフィーチャリングしてユニットを結成、二〇二二年（令和四）五月二十三日に楽曲「時代遅れのRock'n'Roll Band」を発表したことの意義について考えてみたいものだ。ちなみに彼らは、一九五五年（昭和三十）四月から翌年の三月までの間に生まれた同学年生である。かつて「江川世代」ともいわれたが、彼らの心の奥底にそうした危惧、すなわち社会と歌が取り巻く今に対する危惧があるに違いない。実は私も、彼らと同学年である。桑田が作詞・作曲したその楽曲の一部を引用した。これはひとつの「限界芸術」ではないだろ

『昭和歌謡と人文学の季節』初版第1刷 正誤表

・45ページ7行目
（誤）桑田佳祐、二〇〇二年
（正）桑田佳祐、二〇二二年

・57ページ7行目
（誤）ハーヴァード、エール、コロンビア……
（正）ハーヴァード、プリンストン、コロンビア……

・58ページ2行目
（誤）「反復脅迫」
（正）「反復強迫」

・96ページ6行目
（誤）ベッツー&クリス
（正）ベッツイ&クリス

・102ページ後ろから3行目
（誤）知名だけを
（正）地名だけを

・107ページ5行目、108ページ1行目、117ページ8行目
（誤）大林信彦
（正）大林宣彦

・113ページ3行目
（誤）組織の存在がを
（正）組織の存在を

・115ページ後ろから6行目
（誤）リーダーの草野正宗
（正）リードヴォーカルの草野正宗

・128ページ最終行
（誤）いるのです。［写真］
（正）いるのです。（［写真］を削除）

・135ページ2行目
（誤）走る続けている
（正）走り続けている

・150ページ9行目
（誤）あんなんに
（正）あんなに

・184ページ10行目
（誤）吉田東梧
（正）吉田東伍

・206ページ7行目
（誤）創始改名
（正）創氏改名

・210ページ5行目
（誤）固有名詞が続き
（正）一般名詞が続き

うか。

No More No War
悲しみの　黒い雲が地球を覆うけど
力の弱い者が　夢見ることさえ
拒むと言うのか？

桑田佳祐 feat. 佐野元春、世良公則、Char、野口五郎
「時代遅れの Rock'n'Roll Band」（作詞・作曲：桑田佳祐、二〇二〇年）

大衆芸術と限界芸術

ここでは前章でその書名を挙げた碩学・柳田國男の『民謡の今と昔』（一九二九年）の一節を紹介しておきたい。時代がかっており、現代にはそぐわない語句である「平民」もあることは、了解いただきたい。この書も現在、何種かの文庫化がなされている。

我々の考えている民謡は、平民の自ら作り、自ら歌っている歌である。歌ったらよかろうという歌でもなければ、歌わせたいものだという歌でもない。

こうした柳田民俗学の発想の根底にあるのは、「限界芸術」の問題を学問から注目したものであるとして高く評価したのが、哲学者の鶴見俊輔であった（序章、2章参照）。

鶴見は、「芸術」の捉え方として「純粋芸術」「大衆芸術」「限界芸術」と区分しており、「限界芸術」は芸術と生活との境界線にあたり、前二者よりもさらに広大な領域に及ぶものと考えている（『限界芸術論』初出：一九六〇年。ちくま学芸文庫、一九九九年）。歌については、一般には「大衆芸術としての流行歌」という表現を彼はとる。また民謡は「限界芸術」として捉えている。鶴見は柳田の民謡に関する定義は「限界芸術」の一様式であると断じる。「民謡がマス・コミュニケーションの通路にのせられた大衆芸術として転化しつつある昭和初期において、柳田国男の民謡の定義は、はっきりと限界芸術の一様式としてとらえることで、民謡をなしくずしに大衆芸術にとけこませることからふせいだ」と指摘しているのである。

ここに、愉しみを公共性のなかで還元しようとする眼差しがある。

いわゆるシンガーソングライターと呼ばれる人たちの登場は、鶴見がいう単なる「流行歌」の領域をも超えたと考えてよいだろう。すなわち、必ずしも作曲や作詞の技術を専門的に学んだわけではなく、声楽の鍛錬を受けたわけでもない人たちが作り唄い、専門的では決してない市井に暮らす普通の聴き手が聴いてそして歌うということ、これは「限界芸術」としても民謡に近似しているのではないだろうか。おまけに、多くのシンガーソングライターたちは、登場してきたときマス・コミュニケーションとしてのテレビ出演を拒否していたという事実も興味深い。彼らが求め実現しようとした公共性とは、おそらくわずか「三分間」で自己の主張を誤った形で伝えられる可能性への危惧があったに違いない。それは、本当の意味での公共性の伝え方にはならないと。ゆえに彼らはLPレコード（アルバム）とライヴ活動に賭けたのではないか。

「大衆芸術」としてのグループサウンズ

わが国の戦後昭和歌謡の流れのなかで、シンガーソングライターの嚆矢といわれたのが加山雄三（一九三七－）や荒木一郎（一九四四－）であった。そして、一九七〇年代の前半あたりから吉田拓郎（一九四六－）、井上陽水（一九四八－）、さだまさし（一九五二－）、中島みゆき（一九五二－）らの活躍がシンガーソングライターという言葉に市民権を与えたのではないだろうか。そしてほぼ同時期に、アリスやチューリップ、オフコース、かぐや姫などのグループも基本的に「自作自演」で活躍することになる。この間、枚挙に暇なく登場する彼らシンガーソングライターたちの活動が「ニューミュージック」という言葉をも生むことになる。それは、一九六〇年代の終盤頃に急速に収束を迎えたグループサウンズブーム（GS）にとって代わるかのようであったが（そのブームは三年足らずであった）、「ニューミュージック」からの提案やスタイル、コンセプトはGSとは大きく違っていた。仮にGSが「大衆芸術」であったとしたら、ニューミュージックは「限界芸術」であったというのは過言だろうか。

ＧＳは数組のグループを除き、皆長髪で中世の王子様風のコスチュームを身にまといアイドル路線化することが多かった。そして、基本的にアコースティックではなくエレキサウンドであった。

一方で七三分けの調髪のスーツ姿で人気を博したのは、ジャッキー吉川とブルー・コメッツ、ヴィレッジ・シンガーズ、パープルシャドウズぐらいであり、ザ・ワイルドワンズは調髪のアイビールックが基本で、湘南出身（スタンダードナンバーとなったヒット曲「想い出の渚」（作詞：鳥塚茂樹、作曲：加瀬邦彦、一九六六年）が象徴している）、大学の軽音サークルの雰囲気を醸し出していた。当時、百組近くがデビューしていたというＧＳのなかでこれらの四組はかなりの希少価値であった。これほどのブームに沸いても、ＮＨＫは長髪嫌いといわれており大晦日の紅白歌合戦に出場したのはブルー・コメッツだけである（一九六六、六七、六八年）。彼らは「ブルー・シャトウ」（作詞：橋本淳、作曲：井上忠夫）で一九六七年（昭和四十二）レコード大賞を受賞している（一五〇万枚のミリオンヒット）。また一九六七年は「美空ひばりとジャッキー吉川とブルー・コメッツ」名義で「真っ赤な太陽」（作詞：吉岡治、作曲：原信夫）が発表され一四〇万枚のヒットを飛ばしている。

この当時、紅白には出演できなかったもののＮＨＫの舞台に立てたＧＳは、他にザ・ワイルドワンズだけであった。そんな時代であったのである。

それゆえにというわけではないであろうが、ＧＳブームの終焉後の一九七二年（昭和四十七）メジャーデビューしたチューリップがほんの一時期に「ネオＧＳ」と呼ばれアイドル路線と勘違いされたという。ビートルズに憧れ、博多のライヴハウス「照和」で人気を博し上京した彼らは、メンバー全員が詞を書き、曲をつくり、ヴォーカルも担当できる「限界芸術家」たちであった。リーダーの財津和夫（一九四八―）は、当然「ネオGS」と称されることを拒否し続けた。そしてその後、メンバー交代はあったものの二〇二二年現在もコンサートの旅を続けている。しかも、グループによる大ホールのみではなく、二〇二二年十月には、財津は滋賀県米原市の伊吹薬草の里文化センターにある小さなホールでも、ソロでその舞台に立っている。そしてチケットは、瞬く間に完売している。

歩いても歩いても　いつも一人だった
人はおかしな男と言うけれど　私の小さな人生は
これからどんなに変るのか

チューリップ「私の小さな人生」（作詞・作曲：財津和夫、一九七二年）

江川世代と「戦争を知らない子供たち」

先に記した「江川世代」という言葉は、甲子園・高校野球の世界で最初に怪物といわれた名投手江川卓（一九五五―）の名に因んでいる。「ジコチュウ」とか「エガワル」、「無責任世代」などともいわれた世代であった（江川がその代表というわけでは決してない、あくまでも昭和三十年前後生まれの世代ということ）。ひと世代上の「団塊世代」「全共闘世代」の人たちからみれば「遅れてきた青年」であるが、

「戦争を知らない子供たち」という点では、共有される世代でもある。

「戦争を知らない子供たち」とは、大阪千里が丘で開催された「世界万国博覧会」（一九七〇年）の会場で、終盤に戦後生まれの学生たちがアマチュアコンサートを開いたときにテーマソングとした楽曲の名である（北山修が詞を書き杉田二郎が曲をつけた）。この曲が注目されレコーディング、翌年にはジローズ（杉田二郎と森下次郎のユニット。杉田は立命館大学、森下は同志社大学の卒業生）が唄い、いわばアマとプロの競作となった。これがきっかけとなり「戦争を知らない子どもたち」は、良きにつけ悪しきにつけ流行語となっていくことになる。まるで、独り歩きするかのように。

有名な裏話といえるが、北山修（一九四六－）は当初作曲を盟友の加藤和彦（一九四七－二〇〇九）に依頼したが、加藤はそれを辞退したという。故人となった今では推測するだけであるが、「独り歩き」することを彼は危惧していたのかも知れない。北山（京都府立医科大学）と加藤（龍谷大学）は、それ以前に雑誌『メンズクラブ』（一九五四年に婦人画報社より若い男性を読者層として創刊されたわが国最古参といわれるファッション雑誌、後述するアイビールックの流行とトラディショナルなファッションの普及を担った雑誌でもあり、今も公刊中である）の読者欄を通して知り合い、のちに端田宣彦（一九四五－二〇一七。同志社大学）が加わりザ・フォーク・クルセダーズ（序章参照）を結成した。いわゆる、京都フォーク（何らかの形で京都に関わりがあり、あるいは京都を唄った学生たちが中心となって創りあげられていったフォークソング）の担い手となっていったのである。

結局、作曲を担当した杉田二郎（一九四六－）も、ライヴでこの曲を唄うときの躊躇を語ったことがある。

戦争が終って僕等は生まれた　戦争を知らずに僕等は育った
おとなになって歩きはじめる　平和の歌をくちずさみながら
……
若すぎるからと許されないなら　髪の毛が長いと許されないなら
今の私に残っているのは　涙をこらえて歌うことだけさ
僕等の名前を覚えてほしい　戦争を知らない子供たちさ
「戦争を知らない子供たち」（作詞：北山修、作曲：杉田二郎、一九七〇年）

これより少し後になるが、トラディショナルという言葉を、歌詞のなかに唄いあげたこんな曲もある。桑田佳祐も中高生の頃はトラッド少年としてこの雑誌を愛読していたのかも知れない。そしてこの八十年代前半には、横浜では元町を中心に「ハマトラ（ヨコハマ・トラッド）」という言葉が流行っていた。光文社が発行していた雑誌『JJ』を愛読する女子大生が中心となって引き起こしたトラッドなファッションである。

田中康夫（一九五六－）が作家として一躍注目を集めることになった作品『なんとなく、クリスタル』（河出書房、一九八一年。河出文庫、一九八三年）は、一部のこうした都会の裕福な女子大生の「シティ・ガール」（今や死語か）な生活を描いたものであった。この時代のひとつの徒花であったのかも知れないが。

女誰しも男ほど弱かないわ
乱れた暮らしで　口説かれてもイヤ
横浜じゃ　トラディショナルな彼のが
Let me try to be back to this place anyday
サザンオールスターズ「シャ・ラ・ラ」（作詞・作曲：桑田佳祐、一九八〇年）

そして一九八一年（昭和五十六）には、現在の音楽業界と令和に生きる若者たちの間で注目を集め、再評価されているシティポップの黎明期に金字塔のようにして登場した大瀧詠一（一九四八－二〇一三）のLPレコード（アルバム）『A LONG VACATION』が発表されている。
また時をたがえず浅田彰（一九五七－）の難解な哲学書『構造と力』（勁草書房、一九八三年）が上梓された。時代の風は、軽やかに流れようとしていたのであろうか、この書は大学生を中心に、洛陽の紙価を高めるかのようであった。これを小脇に抱え、鞄には田中康夫を忍ばせてキャンパスを闊歩する学生たちを見かけたものだ（私も学生であったが）。さらに、学生の少なからずが、カセットテープに録音した大瀧の作品を、ソニーのウォークマンを駆使して聴きこんでいたことを思い出す。

5　ノブレス・オブリージュ

高貴なる義務と責任

レジーの引用文中のこの言葉「ノブレス・オブリージュ」とは、もともとはフランスで生まれたものである。「貴族が果たすべき社会的義務と責任」ということになるであろう。現代では広く捉えて、それぞれの社会的立場に応じて果たさなければならない、社会的な義務と責任のことである。

従って例えば、大学・短大進学率が六〇パーセントに近付こうとするわが国においても、大学生のノブレス・オブリージュは保持されなければならない。ちなみに、桑田世代が生まれた頃（昭和三十年前後）の大学進学率は七・九パーセント前後、彼らが進学する前後（昭和四十九年前後）でも三〇パーセントには満たなかった。戦前は、末は博士か大臣かといわれた「学士さま」も、今は学校を選ばなければ全入世代とまでいわれている。その戦前において、旧制高校から旧制大学に進んだ人たちは、仮に将来どうなるかはわからなくても、大学生としてのノブレス・オブリージュという名の志を有していたに違いないと、希望をこめて推測したい。当時、旧制大学のみならず旧制高等学校、高等専門学校（現在のそれではなく国立学校を中心に、大学に準じる高等教育機関があった。戦後それらの多くは、旧制高校とともに大学に昇格していく。例えば、小樽高商、彦根高商（**図1**）、高岡高商、神戸高商、長崎高商などの高等商業学校）の進学率は、少しアバウトであるが三－五パーセントに満たなかったという。

図１　現存する彦根高商の講堂　2017年７月公開の映画『君の膵臓をたべたい』のロケで，主人公が通う高校の校舎の一部として使用された

そしてこれらの学校は、女子には門戸が閉ざされていた。もちろん、高等教育機関の門戸を女子に対して、国が完全に閉ざしていたわけではなく、ほぼ同時期に高等女子師範学校が奈良と東京お茶の水に開設されている。

　こうした高商や高女の学生たちも学生生活を送る地域社会のなかで、旧制高校の学生たちと同様、地域社会とそのまちの人たちを愛し、また地域社会から愛されてきたに違いない。私の高校時代には、年配の教師のなかには高商（高岡高商、彦根高商）や高女（奈良高女）の卒業生もいた。

　こうしたことを思うとき、現代の大学生たちはもつべきノブレス・オブリージュを見失っているような気がして仕方ない。戦後教育の変遷過程のなかで、「駅弁大学」や「女子大生亡国論」などの揶揄的表現を生み、「大学の大衆化」や「大学全入化の流れ」とともに、その「見失い」化は、一層加速度的に進んでいるのではないだろうか。六〇パーセントの進学率となっても、四〇パーセントは進学してはいない。そしてそのなかでの何割かの高校生は、家庭や両親との関係性のなかで、進学し学びたくてもそれが叶わない人たちがいるという事実を忘れてはならない。そうした社会状況に対する忘却や慮りの欠如は、ノブレス・オブリージュという言葉を、ともすれば大学生の間での死語としてさらにひとつそれを積み上げていくことになるのだろう。

併せて補足しておきたいことは、進学し学びたくてもそれが叶わなかった人たちは、戦前の学校制度のなかでは今よりもはるかに多かったに違いないということも忘れてはならない。そして、かつての「教養主義」すなわち「人文社会系の読書を通した人格陶冶」(福間良明「「司馬史観」への共感とポスト「明治百年」――「教養主義の没落」後の中年教養文化」、日高勝之編『1970年代文化論』青弓社、二〇二二年)を身をもって推進したのは、旧制高校や旧制大学の学生たちであったというイメージが強く残るだろうが、末は博士か大臣か(今でいう「上級国民」)を目指す彼らだけがその貢献者では決してなかった。家庭の事情等で高等教育学校への進学が許されなかった九十数パーセントの人たち、例えば農山漁村の長男や長女、すなわちまさに「柳田的常民」の存在があったのだ。柳田國男と家永三郎との間で交わされた「日本歴史閑談」(一九四九年)は、かなり示唆的である。そのことについては次章で追って触れることにする。

それは決して「上級国民」のためにではなく

「上級国民」という言葉が巷間に流布するようになったのは、数年前のある交通事故がきっかけではなかっただろうか。まさに、ノブレス・オブリージュが欠落していたと思わざるを得ない高齢者ドライバーに投げかけられた言葉であり、それは批判的な意味を文脈に含んで語られた。ここではそのことを直接に論じるわけではない。

ノブレス・オブリージュという言葉は、「上級国民」のみが有するものでは決してないということを再確認するための枕詞である。すでに記したように、筆者は現代に生きる大学生にも大学生としてのノブレス・オブリージュを果たして欲しいと強く感じている。いつ頃からだっただろう、「講義中の学生の私語」が問題、話題となって久しい。些細なことかもしれないが、「講義中に私語はしない、スマホで遊ばない」などは当然のことであるが、今や大学生であるということのノブレス・オブリージュだろう。

そして、人が人として生きている限りすべての人が、人間の尊厳という視点に立って、ノブレス・オブリージュをもたねばならないのではないだろうか。音楽においても読書においても、思索するという行為においてもそれは同様であるだろうし、極端にいえば身なりひとつにもそれは表現されなければならないのではないかと思う。私たちにとって身近なもののひとつである、その身なりについて、少し考えてみたい。

石津謙介の視点

石津謙介（一九一一 - 二〇〇五）は、岡山の紙問屋の次男として生まれたが、太平洋戦争下の戦時統制で家業が傾くなか、天津に渡り租界にて外国人相手の洋品店を開業して成功する。そして終戦直後、日本軍の武装解除を行うために大陸に来た若い米軍将校たちのファッションを通して、その後わが国でも「アイビー・スタイル」と俗称されることになるアメリカの大学生たちのライフスタイルを知ることになる。その頃のことを回想した石津の言葉が残っている（マガジンハウス編『平凡パンチの時代――失われた60年代を求めて』マガジンハウス、一九九六年。井口貢『文化経済学の視座と地域再創造の諸相』学文社、一九九八年）。

知遇を得た海軍中尉（ハーヴァード大学卒業）は、「僕にはアイビー・リーガーとしてのプライドがある」と石津に語ったという。そのとき石津には「アメリカの大学というものがどういうことを自国の国民に教えるのかがわかって、印象的でした」と回想している。

アイビー・リーガー（アイビー・リーグ）とは、アメリカの東部の私立八大学（ハーヴァード、エール、コロンビア、ブラウン、コーネル、ダートマス、ペンシルベニア、イエール）の間で、アメリカンフットボールなどの定期戦を通して交流してきたという長い歴史に基づき、彼らが大学ごとにスーツやジャケット、シャツ、スクールウエアなどを設えてそのカラーを強調してきたことに因む。「アイビー」とはつまり「蔦」であるが、「蔦の葉が絡まる校舎群」を象徴した言葉として使われた。ちなみに、『いちご白書』というアメリカ映画は、一九六八年（昭和四十三）に端を発するコロンビア大学の学園紛争を描いたものであった。わが国で上映公開されたのは、一九七〇年（昭和四十五）のことで、バフィー・セント・メリー（一九四一－）が唄う「サークルゲーム」（作詞はジョニ・ミッチェル）がメインの楽曲として背後に流れていたことは、鮮明な記憶として残り、その一節は中学三年生だったころの私の心には、強くそして重く響くものがあった。心に残ったその一部を意訳と私訳で記したい。

「過去には決して戻れない、ただ振り返ることしかできない、今もかつて来た道をクルクルと回っているに過ぎない、（果たして、それでいいのだろうか？）」

S・フロイト（一八五六－一九三九）がいう「反復脅迫」から、いつの時代も人は自由になれないのだろうかと、ウクライナ情勢を傍らにふと思ってしまった。

さてアイビーリーガーズたちが愛した老舗洋品店であるブルックス・ブラザーズやJ.プレスなどは、まさに大学の門前に店を構えていた。年代を参照するとブルックス・ブラザーズは創業が一八一八年、K・マルクス（－一八八三）が生まれた年であり、わが国では「文政年間」が始まった年である。文政六年にシーボルトが来日、この年に勝海舟が生まれている。ちなみに西郷隆盛が生まれたのが、文政十年のことである。

若者のファッションが、伝統的に継承され「ホンモノ」となっていく、すなわち「オーセンティック」な色彩を帯びていき、それが若者の特権でありプライドでもあるかのように変容していく歴史がここにある。

現代日本の若者ファッションの起点――カジュアルとルーズ

さて、石津は帰国後の一九五一年（昭和二十六）に資本金五十万円を投じて大阪に「石津商店」を創業し、五四年には東京に出て「ヴァンヂャケット」と社名を変える。ここでわが国におけるアイビールックの伝道師としての彼の活動は本格化していくことになる。

雑誌『平凡パンチ』（一九六四年創刊、マガジンハウスの前身の平凡出版。現在は廃刊）は、発刊当初から数年以上にわたり、アイビールックを身にまとった若者たちのイラストを表紙に描き続けたことと（大橋歩が描く）タイアップして、石津の提案は大きな支持を得て団塊世代の若者たちに人気を博していった。カジュアルウェアは、ルーズなものを意味するのではないということをある意味で制度化していったことの意義は大きい。

東京銀座・みゆき通りを中心にアイビールックの若者が闊歩し、少し以前に湘南海岸で群居した「太陽族」（石原慎太郎『太陽の季節』（初出：一九五五年）とその映画化、そして石原の弟の裕次郎の銀幕デビューの影響から、ジャーナリストで作家の大宅壮一（一九〇〇－一九七〇）が命名したといわれている）をなぞるかのように「みゆき族」が誕生する。

大学のキャンパスでもそれは同様で、学生たちのファッションは、高校時代の制服に少し変化を与えたような装いだったものが、大きく変容していったのである。さらには、アイビールックを基本に、ゼミやサークルではそれをまさに誇りの拠り所とするかのような新たな「制服」が生まれていった。「弊衣破帽」のような意図した「蛮カラ」さは別として、パジャマのようなどてらのような装いのまま、下宿から大学に直行する学生たちは陰で痴態のように思われ始めていたのではないだろうか。まさに「VAN」から変わっていったキャンパス模様だったのかも知れない。そしてアメリカのエリート大学に端を発するこのファッションを、日本風にアレンジし伝えて、そのテイストの影響が今では小中高生はもちろんのこと、子供服にまで及ぶ大衆文化化に努めたのは、石津の残したひとつの功績なのだろう。

ところで「弊衣破帽」や「蛮カラ」という言葉も、今の若い世代（とりわけZ世代）にとっては全くの死語であろう。これらは、戦前の学生風俗といっても良いだろう。その一端をうかがい知るには、金沢市にある「石川四高記念文化交流館」や松本市の「旧制高等学校記念館」を訪れるとよいだろう。ともに、博物館として当時の旧制高等学校の学生たちのくらしや金沢市や松本市との関わりの一端を知ることができる。

あるいは、のちに作家として活躍する北杜夫（斎藤宗吉、一九二七－二〇一一）の名作のひとつ『どくとるマンボウ青春期』（初出：一九六八年、中央公論社。新潮文庫、二〇〇〇年）の頁を紐解くのも一興である。一九四五年（昭和二十）一月、北は松本高校理科乙類（戦後は改組され、信州大学になった）に合格する。そして学寮に入ったときの感慨を記している。この書の一部を引用したい。

私は、読書するよりも、もっとくだらぬ外形にまず時間を割いてしまった。帽子に、夢にまで見た白線（旧制高校性は白線帽が特徴であった）を巻き、それに醤油と油をつけて古めかしく見せようと努力した。さらに……でっかい朴葉の下駄を獲得した。……旧制高校生の弊衣破帽というのはもちろん彼らなりの裏返されたおしゃれで、いつの世にもわざと異様な恰好をし、一般の余人とは区別されたがる人種がいるのと同様である。

これは精一杯背伸びして見せようとする若者特有の自尊心（プライド）であり、「幼い微熱」かも知れないが、無意識のうちにもノブレス・オブリージュを演じていたのではないか。そうすることで、いつかきっと自分は「空も飛べるはず」と夢見て。

さて今のキャンパス風景の変容ぶりを窺い知ることは、職業柄私にも十二分に可能である。弊衣破帽のおしゃれは姿を消した。コジャレた学生が年々増えていることを感じる。ただ変わらない点はユニクロを着る学生も、無印良品を着る学生も、あるいはかつてのＤＣブランドをベースにした装いを纏う学生も、それらのベースには何らかの形で石津の提案し続けてきたものがベースにあるということである。多くの学生たちはそれを知らないだろうし、意識していない。しかし、カジュアルとルーズは違うということを無意識のうちにも彼らは解っている。

恋人は底抜けの顔で　街角で楽しんだものよ
アイビー・ルックの二人づれ　そこらのして歩いた
……
遠慮を知らないあの若さ　ひと時代まえね
南沙織「想い出通り」（作詞：有馬三恵子、作曲：筒美京平、一九七五年）

君から借りたノートを返したその後で
……

「卒業」なんて言葉はとてもきらいさ
君と悲しみ　君と笑った学生時代も終わり
ボタンダウンのシャツもそろそろ
着れなくなってくる頃

風「暦の上では」（作詞・作曲：伊勢正三、一九七六年）

ボタンダウンのシャツもそろそろ……

挙げたのは伊勢正三の詞の一節である。カジュアルとルーズの違いを象徴する一枚のシャツ。

これを考案したのは、ブルックス・ブラザーズの創業者のブルックス兄弟だったといわれている。ポロ競技に興じる選手たちが馬上でシャツの襟がはためくことで目障りにならないようにと、襟先をボタンで留め置いたことが始まりとされている。ブルックス社ではこのスタイルのシャツを「ボタンダウン」とは呼ばずに「ポロカラー」と呼ぶ伝統がある（蘊蓄めくが）。これが象徴するように、アイビールックは、スポーツや様々な作業やときとして軍用などを含んだいわばノブレス・オブリージュを象徴する衣服であり、日常のカジュアルな生活のなかで援用されてきたものが少なくない。例えば、ダッフルコートと北欧の漁師、ピーコートと海軍、トレンチコートと陸軍、などなど。

昨今テレビの国会中継などで、閣僚や議員の方々がボタンダウンのシャツでネクタイを着用しているのを時折り見かけるようになった。これもまた私見であり些細なことではあるが、こうした場でネクタイを着用するときは、レギュラーカラーであることがひとつのノブレス・オブリージュではないかと思うのだが。

それが、石津が強調し続けたＴＰＯ（時・場所・場面）を守るということであり、リベラルアーツを涵養することで生まれるノブレス・オブリージュとどこかでつながるのではないだろうか。

四条通りをゆっくりと　君のおもいで残したとこを
黒いダッフルコート着て　背中丸めて歩いてます

うめまつり「北山杉」（作詞：下条薫、一九七五年）

2章

くらしのなかのリベラルアーツ

――「公的な字引」と「私的な字引」――

1　リベラルアーツを身近なものに

音楽がリベラルアーツに

この表題をテーマにして考えるにあたって今一度、浦久俊彦の著書『リベラルアーツ――「遊び」を極めて賢者になる』を紐解いてみよう。浦久はいう。

音楽が、リベラルアーツにつながる？……
……僕は音楽と書物から、リベラルアーツの世界に入りました。今でも、音楽と書物をかけあわせれば、リベラルアーツになると思っているくらいです。（傍線、引用者）

リベラルアーツの源流は、古代ギリシャ哲学にまで遡る。自由人として学ぶべき四科として重視された「数論」「幾何学」「天文学」そして「音楽」がそこに位置付けられた。そして古代ローマの思想を経て三科（「文法」「修辞学」「論理学」）が加えられて、「自由7科」がリベラルアーツと呼ばれるようになった、というのが定説のようである。

これら文理諸哲学を踏まえて、宇宙とは、世界とは、そしてそこに生きる人とは何か？ということを問うていくことがリベラルアーツなのだ。

「音楽」においては、「ハルモニア」すなわち「ハーモニー」という調和の思想が原点に置かれる。「宇宙」「世界」「人」そしてそれらを活用する「道具（楽器や声）」のそれぞれにおいて「音楽とは何か」と問う哲学的行為が音楽なのだろう。しかしここでは、小難しいことはこれぐらいにしよう。

民謡、邦楽、洋楽、クラシック音楽、ジャズ、ポップス、フォークソング、シティポップ、演歌（艶歌）……といったものは、あえていえばこうした古代ギリシャ思想の一属性にしか過ぎない。しかし、その個々の属性を通して社会とその背景を考え、人としての生き方や立ち居振る舞いを考えてみるという行為はとても大切で不可欠なものだと思う。そして何よりも、音楽を聴くことや書物を読むということはストレスを解消してくれるという功徳もあるだろう。珈琲などの嗜好品が傍らにあれば、それはなおさらである。邦楽か洋楽か、あるいはシティポップか演歌かといった選択は、嗜好の選択肢でもある。そしてその選択は、たった一枚のレコード（CD）や一冊の文庫本からであっても可能なのではないだろうか。

なお、「えんか」についてはその漢字の当て方について後にも少し触れるが、上に二種の漢字を当ててみた。これ以外にも「宴唄」という言葉や「怨歌」「援歌」を当てた人たちがいる。それぞれ、作詞家、小説家の阿久悠（一九三七－二〇〇七）、作家・五木寛之（一九三二－）、作詞家・星野哲郎（一九二五－二〇一〇）である。それぞれの漢字の使い分けは「えんか」がもつ意味や主題の多様性を表現している。

このことはある意味で、「演歌」がステレオタイプ化することを救ってくれることもあり得る。「演歌＝夜の歌、暗い、ネガティブ、曲は短調……」というステレオタイプを。暗い詞、失った恋の詞等々、どうしても曲調まで暗く短調（陰音階）になりがちであることは否定できない。しかしそれまでヒット曲に恵まれなかった八代亜紀（一九五〇－）を一躍スターダムに押し上げた「なみだ恋」（作詞：悠木圭子、作曲：鈴木淳、一九七四年）は長調（陽音階）の曲だった。ジャズシンガーでもある八代のハスキーな歌声と長調とが想像を超えて「夜の新宿、裏通り」を変えたのだろうか。

なお、この楽曲が私のライフヒストリーとともに印象に残るのは、亡叔父のことである。彼はその頃に、八代が所属するテイチクレコード社に勤務していた。「なみだ恋」プロモートのために、まだ売れていなかった彼女を営業車に乗せて東海地方を中心にレコード店回りを担当していた。そんな業界の苦労話をよくしてくれた。ここで詳細を記すことは避けるが、他社のものも含めて多くの昭和歌謡の視聴版をいち早く聴くことができたのは、私にとって嬉しい彼からのプレゼントであった。

なお、アイビーというファッションや『平凡パンチ』を私に最初に教えてくれたのは叔父であり、私が最初に着た「ＶＡＮ」のチェック柄のボタンダウンのシャツは、彼からのお下がりであったことを覚えている。今から思えば何の自慢にもならないが、高校三年生夏休み、これを着てホワイトジーンズを履いて廊下学習のために登校するのが楽しかった（夏休みに校舎の窓を開け放ち、椅子と机を廊下に出して、城山越しに吹く琵琶湖の風の音を聴きながら自学自習することを学校は認めており（もちろん服装は自由）、それは今も続いているとのことだ。教室にクーラーなどなかったころからの伝統である）。

また星野が作詞した「三百六十五歩のマーチ――ワン・ツー・パンチ」（水前寺清子、作曲：米山正夫、一九六八年）という「援歌」は、人生に戸惑いネガティブになりかけた人たちに向け、ポジティブに生きることを誘う「応援歌」として徹底していた。時あたかも、高度経済成長が頂点に達していたころのことでもあった。もちろんこれも、長調曲である。水前寺は、演歌歌手としてその時はすでに著名であった。

しあわせは　歩いてこない　だから歩いて　ゆくんだね
一日一歩　三日で三歩　三歩進んで　二歩下がる
……
しあわせの　扉はせまい　だからしゃがんで　通るのね
百日百歩　千日千歩　ままになる日も　ならぬ日も
水前寺清子「三百六十五歩のマーチ――ワン・ツー・パンチ」
（作詞：星野哲郎、作曲：米山正夫、一九六八年）

行間を読むということ、それは自由な学芸と……

自由に考えるということは、行間を読むということでもある。優れた楽曲というものは、優れた文芸作品と似ている。まさに、行間を自由な発想で読むことができる余地を、聴取者や読者に与えてくれるからであり、そこに愉しみや醍醐味がある。ときとして、カモフラージュされた部分にヒントが刻まれており、それを発見することもまた自由な学芸の試みとなり得るであろう。作詞者、作曲者、編曲者、そして歌い手による化学反応ということはすでに記したが、その化学反応が起こる場所というのは、聴取者の胸中にある。文芸作品もまた同様である。作品の舞台や社会的な背景、作者と編集者、これらが化学反応を起こすことで読者の心にそれは響き渡る。

自由な発想で行間を読むのとは逆に、答えはひとつしかないと強要すること、あるいはIT社会特有の、「ゼロかワン」と切り分ける表層的ともいえる可視化ゲームにふけることは、決してリベラルアーツという自由な学芸を育むことにはつながらない（下手な駄洒落だが、可視化されないところに歌詞の醍醐味もある）。すなわち、行間を読む余地を与えないあるいはそれを許さない社会は、人と人との関係性のなかに横たわるはずの行間をも許さないものにしてしまう。カムフラージュは人間関係においてときとして狡さが内在するかも知れない。しかし一方で、弱さや優しさを伴うこともあるはずだ。

ふとした仕草に潜む　あなたの想いを確かめる
長い間言えずにいたこと　もしかしたら私と同じだと…
にぎわう街の音がかすかに聞こえる　この部屋に今二人だけ
あなたの好きなコーヒーと煙草の香りに　秘められた淡い予感

竹内まりや「カムフラージュ」（作詞・作曲：竹内まりや、一九八九年）

2 「詞」にこだわる

三つの「しごころ」に付加して

三つの「しごころ」について私はかつての拙著のなかで強調してきた（序章参照）。それは文化と人文知をベースにして社会を考えるうえで、必要不可欠な視点であると信じている。それは「史心」「誌心」「詩心」である。そして社会科学や自然科学の世界においてもそれは必要な「心根（こころね）」である。

いうまでもなく、歌謡曲においてもそれは同様であると考えている。そしてさらにいえば「詞心」を付け加えた四つの「しごころ」が求められるのではないだろうか。歌謡曲が人々の「心音（こころね）」となって「心根（こころね）」に深く響き渡るためにもそれは必要なことだろう。すでに述べたように確かに、歌が引き起こす化学反応の力は大きい。しかし、名曲といわれスタンダードナンバーとなるときに「詞」の力がなければ、それは成立しない。詞先か曲先かと問われることがときとしてあるが（詞か曲か、どちらが先につくられたか?）、どちらが先にしても優れた詞の力は、間違いなく人の心を打つのである。

私は先の拙著のなかで、「詩心」について次のように定義してみた。

他者の喜怒哀楽に共感し、そしてそれは決して哀れみや同情心からではなく、むしろそれを排したうえで、より良い他者と自己との関係性を実現していくことのできる心根であると「詩心」を解したい。（井口『深掘り観光のススメ』ナカニシヤ出版、二〇二一年）

ふた月もの長い間に　彼女を訪れる人が誰もなかった
それは事実　けれど人を憐みや同情で　語れば　それは嘘になる
　　　さだまさし「療養所（サナトリウム）」（作詞・作曲：さだまさし、一九七九年）

いかに歌い（唄い）、そして「訴ふ」のか

作詞家としてその名を残し作家としても『兄弟』（一九九八年）や『長崎ぶらぶら節』（一九九九年）などの秀作を著してきた、なかにし礼（一九三八－二〇二〇）による論考が興味深い。それは季刊誌『kotoba』（集英社）の二〇一三年冬号の特集「昭和ですよ！　日本のエンターテインメントは、昭和三〇年代に始まった。」に収録された「歌謡曲こそ日本人の心」という論考である。

なかにしは、「歌とは「訴ふ」ものである「昭和」という大河を、歌謡曲という舟でゆく」と銘打って味わい深い文章を残している。彼は、「あくまでも僕の仮説なんですが」と留保したうえで、

「歌う」という言葉の語源について、次のような見解を示している。

「歌う」というのは、「うったふ」、つまり「訴える」という意味での、「うったふ」なんだと思うんです。迫害された者、不幸な者、惨めな人間が、「これじゃ、どうしてもやっていけない」という、その「ノン」という否定、拒否の言葉を含んだ訴え。……この気持ちが別の流れを生んで、演歌という世界へ辿りついたりしている。……

万葉の歌人から、大和の歌人、平安の歌人、俳句も全部含めて、基本的に「歌う」ことは、「訴ふ」という精神がないと、生まれないし、「訴ふ」からこそ、その時代を反映するわけです。

かねてより、そして直前でも私は「三つのしごころ」と人文知について記した。そしてさらに「詞心」も加えた「四つのしごころ」の必要性を人文知のなかに見出すことの肝要さを述べた。なかにし論考と重ね合わせることができそうだ。

なかにしは「演歌」というが、「艶歌」「援歌」「縁歌」などはもちろんのこと、ニューミュージック、シティポップ等々も同様に内包されていなければならない視点がここにあるように思う。プロテストソングなどは、その最たるものだが。

そこで「歌う」と「唄う」はどう違うのかと考えてみた。これは、あくまでも私の私見であり、決して国語学的に的を得ているものではない。

「歌」の字には、「可」が複数ある。複数が「欠け」たら成り立たない、すなわち人々がともに論じつつやがて共感し、歌い合うことなのだろうか。

一方の「唄」はどうだろう。「貝」は「口」を閉ざしている。悲しみや憎しみで閉ざされた口でも、開いて声を上げることで苦悩からも解放される、そう考えてみたい。

リベラルアーツは独り愉しむところから始まるという趣旨は1章で記した。そしてそこで得た愉しみを他者と共有し、あるいは論じ合い高めていくという行為は自己のなかのリベラルアーツの醸成につながる。「唄」が「歌」になるように。そして「歌」になるときに「付和雷同」と「同調圧力」に負けてしまったら、リベラルアーツの意義は急減するということも忘れてはならないだろう。

さて、なかにしの作詞による楽曲は、『石狩挽歌』（作曲：浜圭介、歌唱：北原ミレイ、一九七五年）に代表される演歌が確かに多いが、グループサウンズの旗手であったザ・タイガースに提供した下記の楽曲は、隠れた名曲である（作曲：すぎやまこういち）。発表年が一九六八年（昭和四十三）ということ、ジョニイという兵士の名から考えると、長期化していたベトナム戦争（一九五五－一九七五年）への反戦歌であることは明らかだ。すぎやまによるバラードとサビの部分で響き渡った、トッポこと加橋かつみ（一九四八－）のハイトーンヴォーカルが、息子を戦争で亡くした母が唄ったであろう子守唄のもの悲しさと、悲哀への諦観を的確なまでに歌いあげている。ちなみにこの楽曲は、ジュリーこと沢田研二（一九四八－）とのツインヴォーカルに依っている。

兵士の群れが朝露に消える　母の姿が小さく残る
ジョニイの手紙が五月にとどく　元気でいるよ　もうすぐ帰ると
母は毎日稽古をしてるよ　忘れかけた子守唄を
戦さを終えて兵士が帰る　だけどジョニイの姿が見えぬ
兵士の群れが街角に消える　母の姿が小さく残る
母は涙でむなしく唄うよ　思い出した子守唄を
　ザ・タイガース「忘れかけた子守唄」（作詞：なかにし礼、作曲：すぎやまこういち、一九六八年）

ザ・タイガース余話

私が小学生だったときに最初に買ったレコードが、ザ・タイガースの「モナリザの微笑み」だったことはすでに記した。以降、一九七一年（昭和四十六）のグループ解散までの楽曲はすべて聴いてきた。そのなかで一番好きだったのが、上掲の「忘れかけた子守唄」であり、次に好きだったのが「廃墟の鳩」だった。コロナ以前、私は長野県飯田市でライヴハウスを経営するK氏、大学の同僚T氏、そして時折参加してくれた名古屋のテレビ局のT氏とアマチュアバンドを結成して（「KIT－on」名義）ライヴ活動に興じていた。その際には、必ずこの二曲はコピーしてきた。まったくの余談ではある。

この二曲が収録されたコンセプトアルバム『ヒューマン・ルネッサンス』（一九六八年）こそが本来彼らがアマチュア時代から求めてきた音楽の方向性をようやく示してくれたものだと私は思っている（アマチュアとしての結成は、一九六五年、正式な意味でのプロデビューは六七年）。プロデビュー後は、アイドル路線をひた走るよう強いられていくことになる。これは周知の事実である。リードヴォーカルの沢田は、ジュリーという愛称でGS界の頂点を象徴するスターでもあった（現在でも歌手、俳優として活躍している）。

リードギター担当で、沢田と同様にヴォーカルも務めた加橋はやがて「音楽の方向性」の齟齬から解散を待たずにグループを脱退する。加橋にとって『ヒューマン・ルネッサンス』はメンバーと創った最後の作品であった。そして彼がリードヴォーカルを務めたのが「廃墟の鳩」だ。「忘れかけた子守唄」と双璧を成すザ・タイガースの反戦歌といってよい。アイドルグループにとって必須項目ともいえるラヴソングの微塵もここにはない。それを超えた、人間愛、人間復興の歌であり、「廃墟の鳩」はヒロシマとナガサキへの鎮魂歌でもあった。加橋にとっては、とりわけヒロシマへの思いが強かったようだ。実際に原爆ドーム（**図1**）に立ったとき、その思いを強くしたと彼は語っている。この点については、雑誌『近代映画』（近代映画社、一九六八年十二月号）誌上で記されているが、論考としては『ザ・タイガース研究論』（磯前順一・黒崎浩行編、近代映画社、二〇一五年）に詳しい。

そして「廃墟」と「鳩」がキーワードとなっているように、廃墟に立って平和を祈る思いが強く込められたメッセージソングとなっている。澄み切った加橋のヴォーカルはそれを見事なまでの表現しているのである。

人はだれも悪いことを　覚えすぎたこの世界
築き上げた楽園は　こわれ去ったもろくも
誰も見えない廃墟の空　一羽の鳩がとんでる
真白い鳩が　生きることの喜びを　今こそ知る人はみな
汚れない世を　この地上に　再び創る為に　人はめざめた
生きることの喜びを　今こそ知る人はみな

ザ・タイガース「廃墟の鳩」（作詞：山上路夫、作曲：村井邦彦、一九六八年）

再度余談の落とし噺。メンバーをリーダーとして支えたベーシストの岸部修三（一九四七－）は、現在は名バイプレイヤー岸部一徳として映画やテレビで活躍している。映画としては『大鹿村騒動記』（監督：坂本順治、二〇一一年）で名優・原田芳雄（一九四〇－二〇一一）の演技を支えた岸部の仕事が光る。これは、原田にとっては最後の作品であった。

この作品は、長野県飯田市近郊で江戸時代から今も続く農村歌舞伎と農村舞台をテーマにしたもの

図1　原爆ドームの風景（出典 URL：https://commons.wikimedia.org/wiki/File:Genbaku_D%C5%8Dmu_(6156137106).jpg　Author: Maarten Heerlien (CC BY-SA 3.0)）

であり、地域文化を創り支える人々の悲喜劇を巧みに表している。農村歌舞伎や農村舞台は、長野県や岐阜県あるいは愛知県三河地方などの一部に今も残っている。

歌謡曲は大衆文化のひとつの花

わが国の大衆文化について語るとき、歌謡曲というジャンルへの考察は不可欠なものであると私は思う。そしてなかにしが指摘するような「訴う」心根の可否こそが、歌謡曲が大衆文化のなかで「花」となるか否かの分水嶺だろう。もちろん「花」には、「徒花」もある。また「野に咲く名もない花」もあるだろうし、高級ホテルのロビーなどに置かれた胡蝶蘭もあるだろう。しかし、ある歌謡曲がスタンダードナンバーとなり、大衆文化のひとつの花となっていくためには、その花は「野に咲く花」でなければならないだろう。「野に咲く花」の強さは「野」のなかでこそ輝き続ける。それはまさに柳田國男が繰り返し主張し続けていた「常民」の姿でもある。「訴う」心根は柳田的常民を育んできた「共同体の詩」でもある。

柳田を敬愛していた思想家の吉本隆明（一九二四－二〇一二）と民俗学者の谷川健一（一九二一－二〇一三）の指摘の一端を手掛かりにしてみよう。

「常民」とは、いわば歴史的な時間を生活史のなかに内蔵し、共時化しているものをさしている。（吉本隆明『柳田國男論』初出：一九八七年。『吉本隆明全集21』晶文社、二〇二〇年）

彼が（柳田）文学から民俗学に転向したのではなく、彼が詩作を廃したというのも、民俗学のなかに、幾千年とつづいてきた「共同体の詩」を発見しようと指摘したからであった。それを描こうとする柳田が文人の文体を用いたのはまことに納得のいく事柄である。（谷川健一「文人の文体」、『柳田國男全集2』（月報1）、筑摩書房、一九九七年）

歌謡曲が大衆文化となり得るとき、そこには「詩」と「詞」、そして「誌」がもつ力の強さと「常民」の生活史と生活誌のなかで長く横たわり続ける支持力がなければならないのだ。先ほど私は国語学的には真っ当とはいい難い私見で、「歌」と「唄」の微妙な差異について記した。微妙な差異というものは、ふたつの事象の間で全く正反対のものとして生起するわけではない。近似しつつその両者の間にある違いを発見すること、それは愉しい知の連携作業である。「その違い」の存在こそが、互いの知の力を強くするのではないだろうか。

そこでまたもや正統な国語学的知見を無視するかも知れないが、私見でもう一点「詞」と「詩」の差異について簡略に記したい。「詞」とは、「言葉」を「司る」ことである。一方での「詩」とは、

「言葉」と「対峙」(「対立」という言葉との差異も感じ取ってほしいが)することではないだろうかと私は考える。

「はいからはくち」

その功績から二〇一七年(平成二十九)には紫綬褒章を受章した松本隆(一九四九―)は、朝日新聞紙上で「書きかけの…」という連載のエッセイを寄稿している(二〇二二年四月二日開始。不定期ではあるが日曜版に掲載され続け、二〇二三年二月十一日で十五回目を数えた)。その第五回で、彼は「日本語でロックはできないという常識は、覆すことができた」と自負する。これはまさに「詞と詩」の力でもある。作詞家として時代の寵児となって久しい彼の作品群の枚挙に暇はない。私が学生だった昭和の頃の衝撃的ともいえるヒット曲としては「木綿のハンカチーフ」(太田裕美、一九七五年)や「ルビーの指輪」(寺尾聰、一九八一年)、「赤いスイートピー」(松田聖子、一九八二年)などが印象に残る(松田には多くの詞が提供されている)。またチューリップ(1章参照)の「夏色のおもいで」(一九七七年)やKinki Kids「硝子の少年」(一九九七年)なども彼が提供した作品である。

欧米のロックミュージックの専有物と思われていた時代に登場したロックバンドの「はっぴいえんど」(一九六九―一九七三)でドラムスと作詞を担当していた松本であるが、メンバーにはその後のわが国のポピュラー音楽のシーンを代表することになる細野晴臣(一九四七―)、鈴木茂(一九五一―)、大瀧詠一(一九四八―二〇一三)がいた。

そのセカンドアルバム『風街ろまん』（一九七一年）に収録された曲のひとつ「風をあつめて」はまさにスタンダードナンバーとなって、多くの人たちによってカヴァーされ歌われ続けてきた。ＣＭ等のバックミュージックとしても流れることは少なくない。別の収録曲である「はいからはくち」も隠れた名曲であり、究極的には夏目漱石（一八六七－一九一六）が一九一一年（明治四十四）八月に和歌山市で行った講演「現代日本の開化」の趣旨の根源につながるというのは過言だろうか。

我々の遣っている事は内発的ではない、外発的である。これを一言にしていえば現代日本の開化は皮相上滑りの開化である事に帰着するのである。（夏目漱石「現代日本の開化」）

そして漱石のこの講演の一年前の一九一〇年に上梓された柳田の『遠野物語』では、「この書を外国に在る人々に呈す」という一文が序文に刻まれている。このふたりの碩学の指摘はまさに「はいからはくち」（今では、「ポリコレ」という視点から使用が憚られる言葉であるが）であることへの警鐘といってよいだろう。

ちなみに「ポリコレ」とはpolitical correctnessの略語である。現代という視点から見たときに、特定の（社会）集団や人種、性別等に不快感を与える、あるいは与える危惧がある言説は使用してはいけないということが前提に置かれている。

一方で、例えば文庫本（原典が古いもの）などの末尾にこのような「編集付記」が施されていることも少なくない。「本文中には、今日の人権擁護の見地に照らして、不適切と思われる語句や表現があるが、作品発表当時の社会的背景を鑑み、底本のままとした」（角川ソフィア文庫を参照）これは、書籍のみではなく映画や歌謡曲でも起こり得ることではある。
「はいからはくち」の場合、「ハイカラ」はすなわち欧米の文物・思想等を意味する俗語で問題はないとして、「ハクチ」は「白痴」を意味しており、現在では使用はタブーである（私が使用しているワードのソフトには「はくち」と入れて即「白痴」には変換できなかった。どんな素晴らしい機械であっても、つくるのは現代に生きる人々だからだろう）。

「風をあつめて」

街のはずれの　背のびした路地を　散歩してたら
汚点だらけの　靄ごしに　起きぬけの路面電車が
海を渡るのが　見えたんです
それでぼくも　風をあつめて風をあつめて
蒼空を　翔けたいんです　蒼空を
……
人気のない　朝の珈琲屋で　暇をつぶしてたら

ひび割れた　玻璃ごしに　摩天楼の衣擦れが
舗道をひたすのを　見たんです
それでぼくも　風をあつめて風をあつめて
蒼空を　翔けたいんです　蒼空を

はっぴいえんど「風をあつめて」（作詞：松本隆、作曲：細野晴臣、一九七一年）

多くの歌い手の人たちにカヴァーされ、今も歌い継がれている「風をあつめて」は、もともと売れることを狙ってつくられたシングル曲ではない。松本はいう。「時代も常識も変わる。でも、ふとした偶然でできたシングルにもなっていない曲が、時代も常識も超えるスタンダードナンバーになることがある。なぜ「風をあつめて」はそんな生命力をもつことができたのか。その理由は、ぼくには今のところわからないけど」（朝日新聞、二〇二二年六月一八日付）。

松本はあえて「わからないけど」というが、これは聴取者やファンに投げかけた宿題であろう。「詞の行間を読んで考えてください」という。彼は『週刊朝日』（二〇二二年七月二十九日号）のインタヴュー記事のなかでこのように答えている。

Q　歌詞で「余白を意識している」と著書に書かれています。
松本　余白っていらないものじゃなくて、１００言いたいことがあると、10ぐらいで言うから詞なのね。90を削ってるわけじゃない。10の言葉を使って、ほかの90も同時に、言外で言う。

本章の序盤で、「行間を読む」ことの大切さについて私は記した。この知的行為は優れてリベラルアーツとその涵養につながるものである。このことについては、1章で記したY先生の英語試験問題を想起して欲しい（シェイクスピアの『ハムレット』から）。考えるヒントとなるに違いない。

3 「公的な字引」と「私的な字引」

「美空ひばり」について先に少し

「公的な字引」と「私的な字引」という表題はすでにその名を挙げた哲学者・鶴見俊輔が使った言葉である。これと併せて鶴見は、「農民の生活用語」と「日本人の思想用語」について考えている（「日本の思想用語」久野収・鶴見編『思想の科学辞典』勁草書房、初出：一九六九年）。「限界芸術」についての思索（一九五五年の秋ごろに心にうかんだもの、と鶴見はいう）を巡らせてきた鶴見の考察と一貫する概念である。このことを踏まえて記述したいと思うが、その前に参考になるある指摘を紹介することから始めたい。

それは作家の五木寛之によるものである。彼の膨大な著作のなかのひとつ『蓮如』（岩波新書、一九九四年）のなかでそれは披歴されている。あるとき、明治維新史・日本資本主義発達史研究を中心とした経済史学の大家で講座派を代表する論客でもあった羽仁五郎（一九〇一－一九八三）と対談したときのことである。羽仁は「美空ひばりは日本人の恥」と述べた。五木はその発言に対して詳細に論述し批判はしていない。

当時、美空ひばり（一九三七－一九八九）の名を知らない日本人は、皆無といっても良かっただろう。美空は幼少の頃からその歌声は多くの称賛を受けつつも一方で教育的ではない、「子供のくせに……」といった批判の目にさらされてきたことは事実である。羽仁とは同世代の詩人で作家であったサトウハチロー（一九〇三－一九七三）は「ゲテモノ」扱いで彼女の存在を否定するかのようであった。しかし、わが国の音楽史上にその名を大きく刻んだ作曲家の古賀政男（一九〇四－一九七八）は、幼少期の頃から美空の声を高く評価し、のちには多くの楽曲を彼女に提供することになり、彼は美空を「偉大な芸術家」と呼んだという。最大のシングルヒットとなり、レコード大賞を受賞した「柔」は、いうまでもなく古賀の作品である（一九六四年、作詞は関沢新一）。

一九四九年（昭和二十四）一月、日劇レヴューで彼女は「公的」といってよいデビューを果たすと、一躍スターダムに、そして歌謡界の「女王」にまで上り詰めていく。日本人がまだまだ豊かではなかった戦後間もないころから、豊かさを謳歌していく高度成長期に至るまでその歌と唄声で日本を励まし続けた彼女の功績は否定すべきものではない。

波乱に富んだ人生を五十余年に集約するようにして夭折した彼女であるが「愛燦燦」（作詞：作曲：小椋佳、一九八六年）や生前最後の楽曲「川の流れのように」（作詞：秋元康、作曲：見岳章、一九八九年一月）は、昭和を越えて歌い継がれ続けた名曲として私たちの心に残り続けていくに違いない。そのことを、泉下の羽仁やサトウは知る由もない。

日本人の思想用語と農民の生活誌

柳田國男の『故郷七十年』については、先に少し触れた。

鶴見はそれを導きの糸としつつ、「農民の生活用語」について論じている。明治以降西欧の言葉と思想が多く日本に翻訳されることで導入された。しかしそれらの多くは、「日本の毎日の生活用語とはっきり違う一連の言葉の系列に置き換えられてしまう」（鶴見『日本の思想用語』前掲）と指摘する。「抽象」「表象」「概念」といった言葉などをその例として示しながら。

彼は明治の日本人の最大多数が農民であったことを念頭に置きながら、わが国の思想用語の多くは「農民の日常生活の用語のなかからとられてゆく」と考え、「農民の生活用語が、日本人の思想用語の中心部をつくる」と主張する。これは柳田がいう「常民」の思想といっても良いだろう。江戸末期から明治初頭のわが国では、第一次産業への従事者は九割前後であったといわれている。その後の百年以上かけての「産業構造」の超高度化は、第一次産業を一割未満という逆転現象に追いやってしまった。しかし、その間の経緯のなかでも「柳田的常民」は日本人の大半を占め、「上級国民」や「高等遊民」はその搾取的恩恵に浴していることに変わりはない。

歌謡曲の多くには、こうした「農民の生活用語」と生活誌（換言すれば、常民の生活用語と生活誌）が通底しておりその「詞」が秀逸であればあるほど、そして「曲」「編曲」と「唄い手」との化学反応がなす関係性が豊かであればあるほどに、「日本人の思想用語」にもなり得るのではないだろうか。それは日本人がつむぎ育んできた「共同体の詩」といっても良い。もはやいうまでもないが、美空ひばりを「日本人の恥」「ゲテモノ」とする視点は、前者においては「欧米の学術用語」への拘泥（まさに「はいからはくち」）、後者においては「詩心」と「詞心」の欠落に起因した高等遊民に向けてのメッセージである。

民間人の思想

こうした問題を考えるうえで、ヒントとなるある対談が残っている。「日本歴史閑談」と題されたそれは、柳田と歴史学者・家永三郎（一九一三―二〇〇二）との間で交わされたものである（雑誌『改造』一九四九年。宮田登編『柳田國男対談集』ちくま学芸文庫、一九九一年）。

柳田：……学問のある人だけしか思想がない、という結果に、極端にいえばなる恐れがあると思うのですが。……私どもが田舎を歩いておってしょっちゅうぶつかるのは、目に一丁字しかなくて、事理の明確に言える、人に誤ったことがあると承知せぬ、きわめて判断力を持って表現の力がない、書物に書いてあるような字を使えないそんな奴がたくさんいるのですよ。それをどう調べますか、そういう人の思想を。

家永：ただそういう人の思想は、いわゆる一世を動かすというそんなことはできないでしょう。

柳田：そんなことは絶対にないのです。村が半分インテリで、半分無学の人ならばインテリの奴に引っ張って行かれますけれども、村挙って、お寺の坊主、神主を除けばインテリでないような村だったら、村を動かしているのは無識の者の判断なんです。……

高校生の頃の私は、「政治・経済」の授業で、憲法の判例を学んだとき「教科書検定不合格」という文部省（当時）の措置に敢然と立ち向かった家永を、開明的かつ革新的、そして庶民の立場に立った歴史学者という印象を抱いた。しかしその後に初めてこの一文に触れたのは、大学の図書館で借りて読んだ筑摩叢書版の『柳田國男対談集』（初版：一九六四年）による。一九八〇年（昭和五十五）のことである。「幽霊の正体見たり、枯れ尾花」の感を禁じ得なかったことを覚えている。そして、さらにその後に五木と羽仁の対談に感じたのはまさに既視的感覚（デジャブ）であった。「学者」って何なんだろうと思いつつ、さらにその数年後に観光文化論の泰斗といってよい宮本常一（一九〇七－一九八一）の著作や関連文献に触れたときに、宮本を物心ともに支え続けた渋沢敬三（一八九六－一九六三）が、宮本に語ったとされる言葉が心に沁みた。「君は学者になってはいけない」というこの一言だ（全くの余談であるが、先に触れた作詞家の星野哲郎は、宮本と同郷の周防大島出身であることが興味深い）。

宮本の「民間思想」への想いは、柳田のそれをも凌駕するに至ると私は痛感しているが、その心根の源泉にある渋沢の思いも忘れてはならない。そして渋沢の思想もまたわが国の「民間思想」の金字塔のひとつとなっている。

ふたつの「字引」

さて、「公的な字引」と「私的な字引」についてである。鶴見の前掲書をさらに考えるための導きの糸にしたい。前者については「同時代の人びとがどのような仕方で言葉を使っているかを教え」ることで言葉がもつ「共通の意味」について理解するための教えとなるものであると鶴見はとらえる。もちろんそれはいうまでもないことであるが、一冊の書物として存在する辞書ではない。一方後者は、「ある言葉について自分のなかに自然にわきあがってくる特定の風景、事件、情緒などからなる、言葉の私的意味についての字引」であり、思想と思想用語は「私的字引の支えなくしては成り立たない」と彼はいう。

鶴見が考える思想とは、「私的字引」によって「生き方の全体的設計をたてる考え」なのだ。「歌謡曲」と一言でいってもそれは確かに多様ではあるが、とりわけその歌詞のなかに「私的字引」が内包されたものは少なからず存在しているに違いない。上掲の「川の流れのように」もそのひとつであることはいうまでもない。すべての歌謡曲がそうであるとはいえないにしても、「公的字引」で同時代を見詰めながら「私的字引」で自らを内省することに「思想」を見出し得る「歌謡曲」が確かにあるということを、私は否定しない。

さらに鶴見は、「歳時記」という言葉を使う（前掲書）。念のためだがこれは、俳句の季語を分類するものであり、日本人特有といっても良い季節・環境と情緒・情感を表現するためのキーワード集といってよいだろう。鶴見はこれを「独特の美学的連想辞典」と解し、「先人のつくった連想の回路に自分の心をゆだね」「託し」た「月並俳句（ありきたりの俳句）をつくる習慣が、広まった」として評価する。まさに常民による常民のための、オマージュによる身近な文化創造の手引きといってよいだろう。

鶴見は、仏文学者の桑原武夫（その名は、序章参照）の論考「第二芸術——現代俳句について」（初出：『世界』岩波書店、一九四六年十一月号）の主旨、すなわち「作品が個性の刻印をもつ本格的作品でないという意味」と対峙しつつ、「しかし、日本では日本人すべてが月並俳句をつくるほどに季節・季節の個々のモノにからめて連想の回路ができているということに、ひとつの思想的達成を認めることもできる」ということを強調する。桑原の「第二芸術論」は随分以前のものであるが、私たちが高校生だったころの「現代国語」の授業でもそれは紹介されていた。

俳句と歌謡曲、ここにも民間人の思想に通底するものがあるに違いないのだが、現代の令和の若者のためのポピュラー音楽に多く見られる、ときとしてリズムやビート、コンピューター的音源と音声を重視するあまりに、「詞心」と真の「ヴォーカル力」が欠落した（俗にいう「口パク」的と思えるような）楽曲から、果たしてスタンダードナンバーは生まれるのだろうかという危惧も感じざるを得ない。すなわちそれは、普通に生き暮らす人たち（民間人、「柳田的常民」）に「訴え」得る思想性への欠落でもある。そして実は、その危惧を感じている人たちは少なくないのではないだろうか。子どもたちにまでいたる若者層からの昭和歌謡への注目や、リリカル（情緒的）なメロディ、アナログなレコード盤に対する再評価などは、デジタル化した現状の音楽の場面に対しての危惧を象徴する、陰画としての（ネガティブな）反論（アンチテーゼ）なのではないだろうか。

彼らが、同世代のあいみょん（一九九五―）を支持し、母親世代場合によっては祖母世代の竹内まりや（一九五五―）を好んで聴き続けているのは、陰画と反論の象徴だろう。これも私見に過ぎないが（しかし、限界芸術にしても高級な専門的芸術にしても、人々の感じる私見の集合体としてその支持は大きくなり拡大していくものではあるのだが）。

4　美空ひばりと私たち

ライヴの初体験

前節で、美空ひばりについて少し触れたが、私が歌謡曲のライヴ・コンサートと初めて出会ったのが彼女の劇場公演においてであった。小学校の五年生だったと思う。場所は、名古屋の御園座である（図2）。それは今でも演歌歌手などの場合ありがちな二部構成となっていた。一部は芝居で二部が歌謡ショーというスタイルである。芝居の方は江戸時代中期に江戸城大奥を巡って一七一四年（正徳四）に起きたスキャンダル「江島生島事件」を題材にしたものであった。大奥御年寄の江島と歌舞伎役者の生島新五郎との間での不義密通が発端となって（その確証はなく、将軍継承問題と権力争いに連座

図2　現在の御園座

したところの冤罪説もある）、幕府は綱紀粛正のため一四〇〇人近くの処分（遠流・遠島・死罪・改易……）を断行したという。江戸の庶民は、このスキャンダルに酔ったことはいうまでもない。まさに今も昔も変わらないことが、芝居や演劇そして映画などに脚色されていくのだから。当時はもちろん写真誌などないが、浮世絵師たちがこの事件を題材にしていく。江島は信州高遠への遠流、生島は三宅島への流罪ということでともに死罪は免れている。

　江島を演じたのはもちろん美空である。私は他のキャストについては全く覚えてはいないが、かすかな記憶に間違いがなければ生島の役は林与一（一九四二－）ではなかっただろうか（確かな記憶は欠落している）。

　歌謡ショーではラストナンバーの「柔」と観衆の熱狂した拍手がなぜか印象に残る。

　勝つと思うな　思えば負けよ
　負けてもともと　この胸の　奥に生きてる　柔の夢が
　一生一度を　一生一度を　待っている

人は人なり　のぞみもあるが
捨て、立つ瀬を　越えもする　せめて今宵は　人間らしく
恋の涙を　恋の涙を　噛みしめる

美空ひばり「柔」（作詞：関沢新一、作曲：古賀政男、一九六四年）

「日本人の恥」って何なのだろうか？

しつこいようだが、今一度「美空ひばりは日本人の恥」という羽仁が発したという言葉を想起したい。歌謡曲というものも、西田幾多郎（一八七〇－一九四五）がいうような「純粋経験」することの大切さというものを改めて感じざるを得ない。文芸作品はもちろんのこと、思想書の類も読者として「テクストとして読む」という行為に、換言すれば通じる。

西田による「純粋経験」と、『善の研究』（初出：一九一一年、現在は岩波文庫他）で明らかにされている。「美空ひばりは日本人の恥」という言葉に、付和雷同する前に考えるべき少しばかりのヒントになるのではないだろうか。

純粋というのは、普通に経験といって居る者もその実は何らかの思想を交えて居るから、毫も思

慮分別を加えない、真に経験其儘の状態をいうのである。例えば、色を見、音を聞く刹那、未だこれを外物の作用であるとか、我がこれを感じて居るとかいうような考のないのみならず、この色、この音は何であるという判断すら加わらない前をいうのである。

私たちは、楽曲を聴くときに好むと好まざるとにかかわらず、作詞・作曲者や歌い手のプライベートな来歴や現況を耳にしてしまう。美空が子どもの頃から天才少女と呼ばれるような歌声をもっていたことに対する周囲から沸き上がった嫉妬感から始まり、「一卵性母娘」と揶揄されてきたこと、弟のスキャンダル、一代で築き上げた豪邸や栄光等々。これはひとりの歌手としての彼女に正負の影響を与え続けてきたことは事実であるが、その負の側面を拡大解釈することは、彼女の歌手としての純粋な評価を損なってしまう。

意外なことかも知れないが、この「日本人の恥」という考え方は、民間人の思想ではなく、一部の学者の思想であったはずだ。民間人の思想であったならば、没後三十数年を経てもなおかつ、その評価は高く歌声とともに響き続けている。ただ、二〇一九年（令和一）のNHK紅白歌合戦でAIとVRの駆使を通して登場したのは、まさに「民間人ならきっと喜ぶに違いないだろう」という学者の思想が根底にはあったのだろう。しかし興が覚めたと感じた民間人の思想の声もきっとあったはずだ。

珈琲休息《コーヒーブレイク》①　カレッジ・フォーク考

少しの休憩、閑話休題と行きましょう。珈琲休息は、「です・ます調」で記したいと思います！

戦後の若者音楽のひとつの流れとその背景として、プロテストソング、反戦歌、そして新宿西口フォークゲリラという学園紛争を背景にした流れがあったと思います。その間に、短命に終わりましたがグループサウンズの隆盛がありました。そして、四畳半フォークとそれらとはある意味で、一線を画したといってよい井上陽水や吉田拓郎の登場があります。

さらに、今再評価されているシティポップ、ニューミュージック、Jポップなどと称される流れが続きます。そうしたなかで、付記しておきたいこともあります。学園紛争から四畳半フォークへ移行する時期周辺とその狭間で、少し優しい風潮を若者社会や学生文化が求めたのか、カレッジ・フォークあるいはカレッジ・ポップスと当時称された楽曲が多く生み出されました。それは社会における闘争や、恋を描いても性的関係や不倫、同棲などといったものを想起させないような歌が多かったと思います（仮にそれらが現実にあったとしても）。

思いつくままに、そのような楽曲を列挙してみましょう。「珈琲休息」ということに免じて、発表年や作詞・作曲者名は割愛することをご寛恕ください（フォークルの加藤和彦と北山修のコンビでつくられた歌が何曲かあります)。よって、順不同でありかつ完全に私の趣味嗜好性が強い選択であるということも併せお許しください。

森山良子「この広い野原いっぱい」／トワ・エ・モワ「ある日突然」「空よ」「初恋の人に似ている」「季節はずれの海」／山本コウタローとウィークエンド「岬めぐり」／はしだのりひことシューベルツ「風」／はしだのりひことクライマックス「花嫁」／ズーニーブー「白いサンゴ礁」／ベッツー&クリス「白い色は恋人の色」／バズ「愛と風のように」／加藤和彦と北山修「あの素晴らしい愛をもう一度」／フォー・セインツ「小さな日記」／ザ・リガニーズ「海は恋してる」／ザ・ブロードサイド・フォー「若者たち」／荒木一郎「空に星があるように」

＊「ザ・リガニーズ」とは、あのアメリカ「ざりがに」をもじったバンド名でした。

3章

学都と呼ばれるまち、そこでは「空も飛べるはず」！

——高山と松本、そして金沢——

1　卒業という季節に

「白線流し」という高校文化誌

ある高校の卒業式の日、三月一日に「白線流し」という伝統的な行事があることを私が詳しく知ったのは一九七七年（昭和五十二）のことで、その時のことは今も鮮明に覚えている。岐阜県立斐太《ひだ》高等学校。飛騨地方はもちろんのこと岐阜県を代表する伝統高であり（創設一四〇年近い歴史を有している。県下では岐阜高校に次ぐ二番目の古参である）、この行事が行われることになった発端は、旧制斐太中学の時代に遡る一九三〇年代（昭和五ー）の後半のことである（当時は男子校であり、女子の入学は許されてはいなかった。それは、都道府県の他の旧制中学も例外ではなかった）。実は、大学時代に親しくなった同級生何人かのなかにふたり、斐太高校の卒業生がいた。実直なF君と剽軽なY君、タイプはかなり違っていたが（だが、卒業後ふたりとも銀行員となった）、ともに母校と高山のまちに誇りをもっていたことは共通していた。誰かの下宿で酒を飲みながらの談笑のときに、ふたり揃って「白線流し」について語り始めた。実は一九七六年（昭和五十一）にこの行事をテーマにしたテレビドラマが放映されていたのだ（TBS系列『早春賦』沖雅也・仁科明子主演）。

旧制中学の時代は、卒業証書授与式の後に学帽の白線を学校前の川（大八賀川）に流したことがはじまりだったというが、戦後男女共学となってからは男子生徒の学帽の白線と女子生徒のセーラー服のスカーフを交互に結んで川に流した（**図1**）。生徒会主催行事であるという（今は、学帽を被る生徒はいないだろうが、入学記念に生徒会が三年後に使う白線をプレゼントするということである）。この行事の際に川を挟んで卒業生と在学生とが向かい合い在校生が送別の歌を歌い、卒業生は斐太中学以来の伝統歌「巴城ヶ丘別離の歌」を歌う。

彼らが語ってくれた話をまとめると、おおむねこのようなところであった。ただ、かつては一九五〇年代には、当校以外でも下呂市内の高校で行われていたことがあったと教えてくれた。近隣というわけではないが、同じ岐阜県であり互いに川もあるまち、何らかの関係があったことは想像できる。

図1　白線流し（出所：岐阜県立斐太高等学校ホームページ）

飛驒の川と恋をテーマにした「飛驒の吊り橋」（一九七七年）という曲が残っている。唄ったのは山口百恵（一九五九－）、作詞は松本隆、作曲が岸田智史（一九五三－）である。この作品は松本の二年前のヒット曲「木綿のハンカチーフ」（一九七五年）とのモチーフの類似性、すなわち都会に出て戻らない男性と故郷に残された女性との恋が興味深い。「エンレン（遠距離恋愛）」という単純な流行り言葉で語り尽くせないことに注意したい。

白線を流した男性は、卒業して東京の大学（場所柄、名古屋かも知れないが……）に行ってしまったと想像するのも興味深く、故郷のまちへの愛着と想いで、男性へのそれを断ち切ろうとする女性の「無形のハンカチーフ」がここにある。

吊り橋を誰か渡る　淋しい音が夜をふるわせる
あの人も橋を渡り　街に行って戻らないの
飛騨の山は静か　今年も大雪よ

便りも途切れたの　忘れてしまったの
街の女性はきれいでしょう　この私より

……

でもいいの今は　飛騨の里で生きてゆける
囲炉裏の火にあたり　炎を見つめてた
お婆さんが笑う　もうすぐ正月と
顔の皺を深くして　倖せに笑う

……

山口百恵「飛騨の吊り橋」（作詞：松本隆、作曲：岸田智史、一九七七年）

学園ドラマ

この楽曲の作曲者である岸田は、もともと教員志望で京都教育大学に在学していた。しかし、CBSソニーのディレクターとして山口百恵を見出したことでも知られる酒井正利（一九三五－二〇二一）が、岸田を歌手・俳優としてデヴューさせた。「きみの朝」（一九七九年）は、彼の最大のヒット曲となり、さらに教育大学の卒業ということもあったのであろう、学園ドラマへの出演依頼が届いた。「桜中学シリーズ」となった『3年B組金八先生』（一九七九－二〇一一年、断続的であるが、全八シリーズおよびスペシャル六回＋ファイナル編。金曜日の八時に放映されていたことから「金八先生」となったという）である。しかし、スケジュールの関係で岸田が出演できなかったため武田鉄矢（一九四九－）に白羽の矢が向いた。武田ももともとは教師を志し、福岡教育大学に入学している。ただ人生、さらには世の偶然とは不可思議なものだと痛感する。

武田演じる金八先生は大好評で番組のテーマソングとなった「贈る言葉」（作詞：武田鉄矢、作曲：千葉和臣、一九七九年）も大きな反響を呼んだ。その後、中学校の卒業式でも少なからず定番だった「蛍の光」や「仰げば尊し」にとって代わるようになる（「贈る言葉」も当初は岸田が曲を書く予定だったというが、武田が所属するフォークグループ「海援隊」の盟友である千葉が担当した）。岸田のスケジュールの調整がうまく進んでいたら今の「贈る言葉」も生まれてはいない。武田のその後の人生も大きく変わっていたのかも知れない。

しかし、武田の名誉のために付記しておきたい。映画監督の山田洋次（一九三一－）は、そのメガホンで多くの名作を世に問うてきた。そのなかの一作『幸せの黄色いハンカチ』（高倉健と倍賞千恵子が主役を演じ、渥美清もちょい役で出演するという贅沢な作品でもあった。一九七七年）で、山田は武田を実直でいながらふざけた面もある青年役で起用し、桃井かおりとも共演させた。その演技が評価された彼は、俳優としても注目されはじめるのであった。『金八先生』放映の一年前のことである。ちなみにこの青年、作中では「きんちゃん」と呼ばれていた（役名は、花田欽也）。

「桜中学シリーズ」の好評は、次作で『1年B組新八先生』（主演：岸田）そしてさらに『2年B組仙八先生』を放映していった。仙八を演じたのはさとう宗幸（一九四九－）で、出演の三年前の一九七八年（昭和五十三）にレコードデヴューして「青葉城恋歌」（作詞：星間船一、作曲：佐藤宗幸）をヒットさせていた。この楽曲は、JR仙台駅の発着メロディーとしてプラットフォームから流れ、旅情を誘っている。また「青葉城」や「広瀬川」、「七夕まつり」を唄うこの歌は、仙台を代表する「ご当地ソング」と呼ぶ人も少なくないだろう。情緒豊かな長調のバラードを伴うこの楽曲は今も、仙台に住まう人たちに誇りや自信を与え得る秀作といってよいだろう。しかし一般的にいえば「ご当地ソング」とその「場所性」（トポロジー）をよく考えることも必要である。すなわち「知名だけを変えれば、どこのまちでも成り立ち得るようなご当地ソング」の量産は、薄っぺらなコンサル業務と何ら変わらないということだ。わが国のまちづくりや観光文化の在り方を考えるうえで、いつでもどこでも肝に銘ずべき箴言、柳田國男の『時代ト農政』（ちくま文庫）と司馬遼太郎の『風塵抄』（初出は産経新聞での連載。一九八九－一九九一年。文春文庫、一九九四年）からの一文を、警鐘としてここでも想起しておいて欲しい。

流行や模倣では田舎の行政はできぬ。（柳田）
子規の時代の田舎はどこかにないだろうか。（司馬）

さて学園ドラマの系譜について考えたとき、このシリーズも決して例外とはいえないが、絶えず生徒の立場に立って、その喜怒哀楽とともに奮闘するカリスマ的な担任教師が主役となって演じ、物語が綴られていくことに注目が集まることが多い。しかしその系譜は多様で、舞台は小学校から大学に至るまで、これも多岐にわたりここから生まれた「昭和歌謡」の名曲も少なくない。『青春とはなんだ』（主演：夏木陽介、一九六五－一九六六年放映）、『これが青春だ』（主演：竜雷太、六六－六七年）、『進め青春』（主演：浜畑賢吉、六八年）……『われら青春』（主演：中村雅俊、七四年）につながるＮＴＶ系列のそれは、典型であろう。中村のレコードデヴューはその挿入歌「ふれあい」（作詞：山川啓介、作曲：いずみたく、一九七四年）で、「ひとはみな一人では　生きてゆけないものだから」というサビの一節とともに、これも大きなヒットをもたらせた。前年の高度経済成長の崩壊とその後の寂寥感は、若者だけではなく中高年の世代の琴線にも強く触れる何かがこの歌にはあったのだろう。

そして、上記したこの「青春シリーズ」は子どもの頃から、ほぼ欠かすことなく私は観ていた。その時代と挿入されたテーマソングとともに。

2 「白線流し」の映像化

それはひとりのプロデューサーの思いから

「白線流し」が最初にTVドラマで放映されたのは、私が見聞きした範囲では上述した一九七六年（昭和五十一）のことであった（TBS系列）。そしてその後、再びメディアを通して耳目を集めることになるのは、平成となって数年後の一九九二年（平成四）三月二十九日のことである。それはドラマとしてではなく、ドキュメンタリー番組としてであった（フジテレビ系列）。全国各地の学校現場では、卒業式を終えて入学式を前夜に控えようとしていたときである。

『別離《わかれ》の歌～飛驒高山の早春賦・「白線流し」～』という番組である。その後、一九九六年（平成九）には、続編の形で『白線流し～4年後の早春賦～』が放映された。このドキュメンタリー番組を中心となって担当したのが、フジテレビ編成制作局のプロデューサー横山隆晴（一九五三―）だった（その後、彼は近畿大学教授に就任している）。きっかけは、横山が一九八七年（昭和六十二）に地方紙上で見つけたある記事であった。「地方紙をめくるというのは、そのころの私の日課のひとつでした」と横山は後に回想している。その時、彼の心に強くとまったのが「岐阜県の飛驒高山にある斐太高校では、毎年三月一日、卒業式で白線流しが行われている」という記事であった。

過熱化するバブル経済、リクルート事件、日増しに悪化していったと思われる病床の昭和天皇とその逝去、そしてやがて迎えたバブル経済の終焉（これは、一九九一年）。騒然とする世の中であったが、この飛騨高山の小さな記事は、横山の心に留まり続けて、ひとつのこだわりにも似た感情を育んでいたのである。そしてやがて彼は斐太高校に赴き、田町伸校長（当時）をはじめとする先生方の前で企画説明と取材許可を依頼する。

横山のなかには「自分の人生を肯定して生きていくことが、どうやら難しい時代状況のなかで、私たちは、次に続く世代に託したい思いが」強くあった。学校側は、恐らくこの横山の熱意に共感を覚えたのであろう。県下有数の進学校に対して密着取材をすることが可能となった。三年G組、そのクラスを中心に一九九二年の十月から取材が入った。これらの詳細は、横山自身が中心となって編集し、語った本が残っている。ぜひ手に取ってほしい文庫本のひとつである（フジテレビ編『「白線流し」を知ってますか』角川文庫、一九九八年。初出は一九九六年、角川書店で単行本化）。

進学校であることと市内には一校の短期大学しかない高山市なので、彼らの大半は卒業と同時に故郷から旅立つ。まさに、山口百恵が唄った「飛騨の吊り橋」の世界がここにある。取材時の高校生たちは、団塊ジュニア世代（一九七一－一九七四年生まれ）の最後のころに該当している。過酷な受験戦争に遭遇し、バブル経済とその余波のなか、大都市部では華やかにみえる高校生や大学生を傍らにみつつ、伝統や因習の深い地方都市で懸命に生きる高校生たちもいるのだということを刻印させられるひとつの生活文化誌でもあった。そしてそれは、都会の大学への進学を熱望する地方の小さなまちに暮らし学ぶ、現代の高校生の眼差しを通して考える、わが国にとっての永遠なる課題なのかもしれない。『都市と農村』（柳田國男、一九二九年）と『日本の中央と地方』（宮本常一、一九六七年）が見詰めてきたように（この点については、追って触れたい）。

そしてドラマ『白線流し』へ、そこはno-whereな場所として

「白線流し」を巡るふたつの「旅」（一九九二年、九六年）の間隙を縫うようにして、横山たちフジテレビ制作局は、一九九五年（平成七）秋にクランクインさせた連続テレビドラマとして『白線流し』の放映を翌年の一月より開始する。一時の流行り言葉と化した「コンテンツ・ツーリズム」型の薄っぺらさは微塵もなかった。初回から最後までのすべてを視聴した今でも私はそう感じている。

表層だけを繕うような「コンテンツ・ツーリズム」や取ってくっ付けたような「方言コスプレ」全開型のそれらにはどうしても共感することが私にはできない。そもそも、「コンテンツ・ツーリズム」という言葉自体を、かっこいいカタカナ語を使うことで完結させてしまおうとする行為が制作者側も含めてあるとすれば、なおさらである。

このドラマは、松本市（長野県）を舞台に制作されている。しかし、方言を出演者たちに使わせてはいない。劇中では「ここは、松本である！」ということを必要以上には強調していない。上掲書（角川文庫版）のなかでそのことについては、プロデューサーの本間欧彦がこのように語っている。

「ある限定された町のできごと、というとらえ方をされたくなかったんです。ドラマの舞台は、見る人それぞれの〝故郷〟であってほしかった」と。

私は、この言葉をみつけたとき、作家・福永武彦（一九一八－一九七九）の短編の秀作『廃市』（初出：一九五九年、その後に新潮文庫化）を連想してしまった。読み手としては明らかに福岡県柳川市を連想することのできるまちが舞台になっている。一九八三年（昭和五十八）に大林信彦監督（一九三八－二〇二〇）によってATG（日本アート・シアター・ギルド、一九六一－二〇一八年。映画会社。今は、東宝に吸収合併）から映像化されたときも、柳川の風景が描かれていた（当時、私は名古屋の駅西にある小さな映画館でこれを観た）。福永は「後記」でこのように記していた。

僕は北原白秋の「おもひで」序文からこの言葉を借りて来たが、白秋がその郷里柳河《ママ》を廃市と呼んだのに対して、僕の作品の舞台は全く架空の場所である。そこのところが、同じロマネスクな発想でも白秋と僕とではまるで違うから、どうか nowhere として読んでいただきたい。

余談をもう少し続けたい。福永はこの作品を執筆するにあたっても、その前にも「柳川」を訪れてはいなかったという（「椰子の実」と島崎藤村を、個人的には連想してしまう）。

また大林は、たまたま日程が空いた夏休みの二週間を利用して、その間に撮り切れる映画をと考え『廃市』に決めたという。以前にこれを原作にして別の人がテレビドラマ化したところ、「福永さんがそれをご覧になってもう二度と自分の作品の映像化は許可しないと言われた」(大林『大林信彦、全自作を語る』立東舎、二〇二〇年)ので、大林は「文芸色の濃いエンターテインメント系小説を純文学に差し戻してみようかと。それが僕の内的リアリティでした」と、この作品に込めた意欲を語っている。そこで、商業映画で使われる三五ミリ撮影ではなく、一六ミリで撮ることにした。その選択には「福永さんのお嫌いなテレビ映画、文芸映画になってしまう」ことのないように「これは純文学映画である、という「僕のセオリー」を貫く意思があった(もっといえば、八ミリにしたかったようであるが……)。

ロケは、全て柳川で撮られている。主役を演じる姉妹の葛藤(根岸季衣(一九五四-)と小林聡美(一九六五-))が、美しい水郷の風景のなかで哀しく映ることが、印象に残る。

福永と本間の思いが通じるところは、読者諸氏にはわかっていただけるだろう。もちろん、大林の思いにもそれはつながる。そして本間たちは、テレビドラマでは難しいと思われる「純文学ドラマ」に、そのポリシーを託したのだろうか。

また最初に『白線流し』のドラマ化を横山に提案した制作局の山田良明は、同じくこの文庫本のなかで次のように語っている。『北の国から』(これもテレビドラマ史に残る作品であろう。一九八一-一九九八年まで断続的に放映)のロケ中のときの彼の回想譚でもある。

……東京の大人びた高校生ばかり見なれている僕には、富良野の高校生の純粋さが新鮮に映った。その時、一生懸命に生きる高校生のドラマをつくりたいと思ったんです。

……『北の国から』のように、ひとつの作品で長い時間をかけて人間の成長を追い続けるというスタンスのドラマを、ふたたびやってみたくなった。人間の成長と社会の変化を対応させたドラマづくりは、テレビならではの企画だと思う。

東京の大人びた高校生たちももちろん、その多くは純粋で一生懸命生きていることは事実であるだろうが、この当時、「ルーズソックス」や「ガングロ（顔黒）」に象徴されるような女子高校生（今でいうJK）文化が、あたかも世間で跋扈しているかのように描いていた一部メディアの存在に対してのアンチテーゼ（反論）ともいえる、マスコミ人のこの言葉は、ある意味で小気味良いものがあった。

そしてここにおいて改めて、薄っぺらなご当地ソング的コンテンツとの差異について考えるとともに、主役はあくまでも生徒たちのそれまでの、そして夢見るこれからの葛藤と眼差しであるということを見て取りたいと思う。さらに付記すると、主役は生徒たちであるというこの物語に、カリスマ的教師は登場しない。それまでの学園ドラマは、多くのカリスマ教師が存在し活躍してきた。管理職である校長や教頭と対峙し、職員室のなかに信頼できる同僚をときとして相棒に据え、生徒たちを守り抜くという「水戸黄門」的あるいは場合によって「吉本新喜劇」的ストーリーが根底に存在することが少なくなかったのではないだろうか。その原型は、夏目漱石の『坊ちゃん』（一九〇六年）かも知れないが、それに対する真実のオマージュは存在しない。

なぜ松本なのか？

しかしこの物語が映像化された当初（もちろん、上掲の文庫はもちろん、初出の単行本もまだ公刊されていない）、「白線流し」がモチーフであるにもかかわらず、なぜフジテレビ側は高山ではなく松本を舞台に描いたのだろうかと、単純に思った。架空の高校とはいえ主人公たちが通学する学校名は「松本北高校」という地名を冠した固有名詞である。実際は実在する「松商学園高校」がロケでは使用されたとその後私も知るのだが、この番組を初回見たときに想起したのは「松本深志高校」だった。それは極めて私的でステレオタイプ、すなわち思い込みに過ぎなかったのだが、私が初めて松本を訪れたときの印象と重なった。

一九八一年（昭和五十六）夏のことである。夕刻に私は松本城に隣接する女鳥羽川沿いを散策していたところ、私よりも何歳か若い男女五名が、愉しそうに談笑しながら歩いていた。聞くともなく歩いていると、部活帰りと思われる私服姿の高校生のグループであることが判った。そのうちのひとりが曳いて歩いていた自転車の後輪のシール証から、「松本深志高校」であることが推定できた。「部活・受験・幼い恋……」こんな言葉を連想するうちに、昼間に歩いた松本のまちの光景を思い浮かべた。旧制松本高校の校舎とその記念館が残る「あがたの森公園」をひとしきり歩いた後、私は松本城に向かう途上でまちなかの喫茶店を探そうとしていた。

当時、流通界を代表する観のあった西武セゾングループが、その旗艦店のひとつとしていた「パルコ」を松本にも出店しており（今も松本では営業している）、この辺りを「公園通り」と名付けていたと聞く（渋谷ではないのに）。糸井重里（一九四八－）がセゾングループのためにつくったキャッチコピー「おいしい生活」が、世を走る前年のことであった。

また、糸井が作詞した沢田研二の「TOKIO」がヒットチャートに登場するのが一九八〇年（昭和五十五）のことであった。「TOKIO」と「おいしい生活」の狭間の年に、私は初めて松本を歩いたことになる。ちなみに、松田聖子は一九八〇年にデヴューするなり瞬時のようにしてアイドル路線をひた走ったが、松本の公園通りには多くの「聖子ちゃんカット」が跋扈していた。東京から恐らく観光に来ていたふたりの女子高生が吹き抜けた一瞬の風のなかで「わあ、髪の毛、聖子みたい」とはしゃいでいたことも記憶に残る。「松本の公園通り、パルコ」も覗いてみたかったようだ。まさに今和次郎（一八八八－一九七三）がいう考現学の世界のようでもある（藤森照信が編集した、今の『考現学入門』ちくま文庫、などを参照されたい）。

パルコは今も松本にあるが、「聖子ちゃんカット」をみかけることはないし、いうまでもなく今の松田聖子はあの頃のままの「聖子ちゃんカット」であるはずもないが。これをもって時の流れのなかでの「不易流行」について考えるというのは大げさではあるだろうし、泉下の松尾芭蕉（一六四四－一六九四）からの叱責を受けそうだが。

ディスカバー・ジャパンキャンペーンと小京都

さて、迂遠ながら引いてみた私の「私的な字引」の「松本の項」ではあるが、角川文庫版の上掲書で引用した山田良明のいわば「私的な字引」(「東京の大人びた高校生」という項)とどこかで重なるのではないだろうか。私の字引のなかにも「高山の項」はもちろんあるし、「白線流し」もそこには記されていることはいうまでもない。しかしそれをドラマとして映像化しようとしたときに、これはあくまでも私見に過ぎないが、「上三之町や宮川沿い」の町並みの光景は、日常に普通に暮らす人々と高校生たちの何気ない日々を「観光客」が遮断し邪魔にしてしまうように思えてしかたなかった。私は以前、岐阜市に暮らしていたこともあり、高山は何度も訪れたことがあるまちである。コロナ禍以前に最後に訪れたときに大きな失望を覚えた記憶がある。宮川沿い鍛冶橋近くの欧風カフェのテラスで外国人観光客がお昼ごろに大きな声で麦酒を手に騒ぐ光景だ。「インバウンド」が大切という世の風潮のゆえか、店の側で注意も何もなかったのかも知れないが、私は早々にその場を立ち去ったので正確には判らない。

一九七〇年(昭和四十五)十月に始まった「ディスカバー・ジャパンキャンペーン」は、旧国鉄と電通がタッグを組んで展開し、七年以上続いた観光推進キャンペーンである。その功罪として「功」の面は否定できない大きさを残したといえる。一方、「罪」の面としての大きさの象徴は安易に「小京都」を、結果として増産してしまったことである。高山が飛騨の小京都と呼ばれて来訪者が急増していくのは、この頃以降のことである。

「京都」であれば上記したような騒ぐ観光客に対しては、店主はほぼ間違いなく「京のぶぶ漬け」のごとく注意を喚起するのではないか。私自身、そのような場を何度か目撃したこともあるが(例えば、寺町三条界隈の著名なショットバーなどで）、インバウンド騒ぎ後はそれも微妙に変わってきたのかも知れない。「飛驒の小京都」では、どうなのだろうか。

ところで「全国京都会議」という組織の存在がを聞いた人もいるだろう。一九八五年（昭和六十）に京都市が中心となって自治体規模で結成された連盟で、観光振興とその連携を目的としている。結成当初は二十六市町が加盟し、ピークの頃（二〇〇〇年前後）は五十六市町がここに名を連ねさらに、二〇一八年（平成三十）には六十三市町に達するものの、ここ数年では十九市町が脱退している。こうした流れを振り返ったとき、金沢や高山、犬山などはかなり以前に退会し、松本は加入すらしていない。元金沢市長であった山出保（一九三一－）とは、かなり以前に知遇を得たが、彼はいつも「金沢を観光都市と呼んで欲しくない、学術文化都市と呼んで欲しい」そして「何より京都は公家のまち、金沢は武家のまち」といっていたことを思い出す。その是非を問う人もいることは事実であるとしても。

山出には、岩波新書に二冊の著作があり、読者諸氏にはぜひ読んでほしいと思う。『金沢を歩く』（二〇一四年）、『まちづくり都市金沢』（二〇一八年）。

小さなまちの矜持

松本は穂高や槍ヶ岳、上高地などへの登山客やトレッキング客の玄関口であり（「岳都」と呼ばれるまちでもあり、松本は「三つのガクト――学都、岳都、楽都」を都市の誇りとしている。ＪＲ松本駅前には三角

図2　三角柱の石柱

柱でつくられた石柱がそれを表現しているのである）、まちの奥座敷には「浅間温泉」などを控え、多くの観光客が訪れる（図2）。

　しかし、このふたつのまち（松本と高山）の間には同じ「観光都市」という言葉で呼ぶには、「まれびと」の目で観るときの相違点がある。フジテレビ制作者の人々があえて松本を舞台に設定した理由のひとつは、この差異のなかにもあるのではないだろうか。

　また上掲書のなかで、プロデューサーの本間はこのようなコメントも残している。「本当は、ドキュメンタリーと同じ岐阜県・高山市で制作したかったのだが、地元に国立大学（信州大学）がある松本にすることにより、進路選択の迷いを出したかった」と。

　大学が高山にはないということと、一方の松本では大都市にも地元にも大学があるというふたつの選択肢との葛藤。まさに先に少しその名を挙げたが、柳田や宮本の思いとつながる何かが高校生の幼い葛藤のなかにも確かにそして明確に存在している。安易な喩えである「小京都」という美麗句を使わずに著名な大きなまちと対峙していこうとする「小さなまちの矜持」を、高校生たちにも感じ取ってほしいという思いもあったのかも知れないが、それは少し穿った見方だろうか。

信州大学は、旧制松本高校の後進であり「学都」であることの矜持の源泉ともなっている。そして大学法人の本部は、松本市に置かれている（多くの国立大学法人の本部は、都道府県庁所在地に置かれている）。

空も飛べるはず！

このドラマの主題歌が、スピッツが唄う「空も飛べるはず」であったことはよく知られているのではないかと思う。リリースは一九九四年（平成六）のことである。ドラマは、既述のように一九九六年（平成八）の放映開始である。リーダーの草野正宗（一九六七－）作詞・作曲によるこの楽曲は、このドラマの挿入歌のためにつくったわけではなかったが、結果としてドラマとの相乗効果もあって、オリコン一位を獲得するまでに至った。

このドラマも挿入歌も「平成」のものであるが、飛騨の「白線流し」の系譜と番組編成者の思いとともに根底に良い意味での「昭和」があるに違いない。

幼い微熱を下げられないまま　神様の影を恐れて

隠したナイフが似合わない僕を　おどけた歌でなぐさめた
色褪せながら　ひび割れながら　輝くすべを求めて

君と出会った奇跡が　この胸にあふれてる
きっと今は自由に空も飛べるはず
夢を濡らした涙が　海原へ流れたら
ずっとそばで笑っていてほしい

スピッツ「空も飛べるはず」（作詞・作曲：草野正宗、一九九四年）

この詞が挿入歌として選ばれた理由については、上掲の文庫本のなかでは何も触れられていないが、行間からそれを読み取ることは可能だろう。主人公たちが「高校3年生」から始まるこのドラマは「まず1年後、目標に向かって歩きはじめた主人公たちを描く」ことになる。そして本間は、ドラマのキャスティングにあたって多くの候補者と出会うことになるが「選考基準は、〝自分〟を持っていて、おもしろいヤツ。演技力よりも、それが大きなポイントだった」と回想する。「松本北高」の五人の同級生（演じたのは、酒井美紀、京野ことみ、柏原崇、馬渕英里何、中村竜）とふたりの同年代の男女（長瀬智也、遊井亮子）がそれぞれの役を演じるのであるが、ジャニーズのグループのひとつＴＯＫＩＯのヴォーカルとしてすでに名が知れていた長瀬を除くと、芸能通か熱烈なファンでないとおそらくは知らなかったであろう若い俳優たちであった（このドラマを機に活躍の幅を広げたが）。「空も飛べるはず」の表現力は、この俳優たちの演技力（ときとして、拙い幼さが残るそれと秘められた将来の可能性）と合致したのだと思う。壮大な将来への夢と、ときとして辛く厳しい現実に向き合う高校生たちの日々の暮らしと友情や恋。そのはざまで揺蕩うことの愉しみと哀しみ、それがここにはあるのだろう。

牽強付会な表現となるが、草野のこの一節から私は旧制松本高校時代の北杜夫や彼の盟友となる辻邦生（一九二五－一九九九）の青春を想起してしまう。（先に、北の『どくとるマンボウ青春期』について少し触れたが）そして草野の一節には「純文学」（上述の、大林信彦についての箇所を参照されたい）があると確信したい。

3　二〇二二年（令和四）、松本・夏

あがたの森再訪

この年の夏、八月二－三日にかけて私は久々に松本を訪れた。およそ四十年ぶりのことであった。松本駅からほぼ真っ直ぐに二十分ばかり歩くと、あがたの森公園とそのなかに点在する旧制松本高校の校舎群（重要文化財）に至る（図3）。校門表口（正門）が公園の入り口となっているが、右手にあるランドマークともいえる校舎は、耐震工事中で今は入ることができなかった。初めて訪れたときは、

図３　松本旧校舎

この建物のなかに松高生たちの思い出の品などが展示されていた。斎藤宗吉（北杜夫）の答案もあった。今は新たに建てられた記念館（「旧制高等学校記念館」）のなかに、関連の品々が所蔵されている。ここを訪ねれば、松高のみならずわが国の旧制高校の歴史とその学び舎と生活誌を概観することができる。正門の左手には旧講堂が今もその威容を誇り、現在は市民の学びの場である「サロンあがたの森」（二〇〇三－）や「夏季教育セミナー」（一九九六－）の会場として定期的に使用され続けている。そのプログラム等は『松本高等学校開校１００年誌』（松本市立博物館分館　旧制高等学校記念館編、二〇一九年）に詳しい。

　八月二日の昼前に校舎群を見学して、旧講堂に立ち入ったときのことであった。おそらく市民の合奏グループのパート練習だと推測したが、管楽器を使っての演奏練習の風景を瞥見することができた。ここに「楽都」の一端を観る気がした（松本の「楽都」については、いつか書きたいと思っているので、本書では詳しくは触れない）。

　私が初めて、あがたの森と旧制松本高校を訪れたのは、既述のように四十年近く前に遡るが、その動機をピンポイント的にいえば北杜夫が松本高校の学生だったときの定期試験の答案（物理）を、記念館でみることができると聞いたからである。今にして思えば、それを大切に保管しているということひとつとっても、それはわが国の現代文学史のうえでの大切な事象であると同時に、やはり「学都」としてのまちがもつ有形無形の矜持といえるであろう。再度訪れた二〇二二年（令和四）の夏に再びそれと出会うことができただけではなく、「旧制高等学校記念館」にある小さなミュージアムショップで、『北杜夫と松本（松本まるごと博物館企画展）』（松本市立博物館、その分館としての旧制高等学校記念館他二館、二〇一三年）を入手することもできた。そのなかに、北の回想とともにこの答案用紙と解答欄での北の筆記内容の現物（複製のようだが）が掲載されている。そのあたりのいきさつは、『どくとるマンボウ青春期』（前述）についても詳しいが、この記念館発行の冊子の一節「忘れがたき先生」に記された北の回想から一部引用してみよう。「山登りや買い出しで授業をよくサボっていたため、期末試験になると数学や物理で手も足も出ない状況になったが、そんなときは答えの代わりに詩や短歌を書いた。そういう答案にも物理の松崎一教授などは五十九点をくれたため、一度も落第することなく卒業することができた」ということだ。この部分について『どくとるマンボウ青春期』で同様の記述がある。実は五十九点というのは合格には一点足りないのであるが、松崎教授から「同じ答案ばかり見るのはつらいから、君、もっと書いてくれよ」といわれたので「以降、私は物理の試験はすべてこのデンで合格点を貰うようになった」と記している。五十九点だった答案が、この冊子に掲載されているのであるが、解答用紙は「僕等の物理学」と題された長詩が延々と続く。一部であるが紹介したい（全てママ、北が二十歳の頃の作品）。

恋人よ　この世に物理学とかいふものがあることは
海のやうにも　空のやうにも　悲しいことだ
恋人よ　僕はこんなに頭がよいのに
この物理学のおかげでもつて　あなたから
白痴のやうに思はれてしまつた。
……
僕等にはクーロンの法則だけあれば沢山だ
二人の愛は距離の二じょうに反比例する
恋人よ　僕らはぴつたりと抱き合うはう！

（帝国芸術院受賞作品）

戦後の学制改革で松本高校が信州大学となり（このこともすでに記したが）、松崎教授は信大教授、そして名誉教授となり松商学園短期大学長を務めた。松商学園はドラマ『白線流し』の劇中に「松本北高」という想定のなか、ロケで使用された高校の系列校でもある。

私は記念館を再訪しながら、館内の「あがたの森談話室（カフェ）」に入って、珈琲で寛ぎ「学都」に想いを巡らせた。「松本民藝」の精神を大切にしている老舗旅館・花月がテナントとして入っているからか、松本民藝家具の調度で統一されており、ここにも「学都」の誇りを見て取ることができるような思いのなか、旧松高正門を出たときに四十年前に女鳥羽川沿いで遭遇した高校生たちを思い出させてくれるような、既視的ともいえる光景を観た。恐らく午前中の部活を終えての帰路であろう、男女数名の高校生グループが楽しそうにそのうちのひとりは、自転車を曳きながら歩いていた。向かって右手には巨艦を思わせるような異様と威容のイオンショッピングセンターがあることは、とても大きな時代の変化であるが（もちろん四十年前にはなかった）、あがたの森のなかとそこから出てきた高校生たちの姿は、変わることのない佇まいであったように思われたことは、真夏のなかでの一服の清涼剤であった。

女鳥羽川の夕景余話

その日の夕刻、夕食を兼ねて再び女鳥羽川沿いを歩いた。歩くうちに「時代遅れの洋食屋　おきな堂」という長い屋号の店の前に出た。その名に惹かれるようにして、扉をたたいた。

店内に入ると、シーリングファン（天井に取り付けられた扇風機）が回り、テーブルや椅子も含め調度に至るまで昭和の戦前、いや大正期にタイムスリップしたかのようなレトロ（懐古的）な雰囲気を醸し出していた。そこはかとない、良い予感を感じてレジスターの横手の壁面をみたとき、学生服姿の旧松高生たちがセピア色（暗褐色）に写るパネル写真が貼ってあるのに気付いた。再度レジスターテーブルに目を落とすと、「旧制高校記念館入館の半券を見せればソフトドリンクプレゼント」という表示があった。

食事を終えたあと、フロアの人に少しの時間の余裕があり、尋ねると一九三三年（昭和八）の創業、現店主が三代目ということでとりわけその祖母にあたる人は松高生を大切にしてきたとのことだった。学生たちもこの店を愛し続けたようだ。「松高生と共に歩み續けたおきな堂　昭和十年頃の店内　1Fホール」というキャプションが、このパネル写真の下に記されていた。きっと北杜夫や辻邦生も通っていたに違いない。三階建ての建物で、二階席にあがると女鳥羽川を観ることができる。

「変わりつづける、変わらない味を提供する」という言葉に込められた店主のメッセージは、「変わり続ける時代のなかで、変わらない味を提供すること」を求めたものであり、「時代遅れ」という店の枕詞は、「創業当初はお洒落で時代の先をいっていたかのように思われたが」今も変わらぬ思いに矜持を込めた言葉であり、現在の私たちの生き方やまちの在り方に想いを馳せるべき一節であるように思えた。

学都雑記

本章ではしばしば、松本と学都に触れてみた。しかし私が最初に「学都」という言葉を「學都」として触れたまちは、金沢であった。私が初めて旅らしい旅として主体的に訪ねたまちは金沢であった。はたちのころである。そのことについては、拙著『くらしのなかの文化・芸術・観光』（法律文化社、二〇一四年）で詳しく触れてある。その初旅がおそらく奇縁ともなったのか、しばしば訪れるまちとなった。いっときは、月に一回の割合で「金沢学研究会」という、市民が中心となった勉強会にも通うようになり、奇縁の輪が広がっていった。このことは、ナカニシヤ出版からの『反・観光学』（二〇一八年）と『深掘り観光のススメ』（二〇二一年）にさらに詳細に記した。

金沢に通ううちに、馴染みとなるいくつかの店もできた。主人が元新聞記者という柿の木畠にある「茶房　犀せい」との縁で、すでに記した山出保金沢市長（当時）との知遇も得ることができた。そうした流れのなかで見つけた雑誌が『學都』であった。その創刊第1号（都市環境マネジメント研究所、二〇〇二年十月）を、私は今も手元で大切にしている（図４）。

図４　『學都』創巻号・表紙

表紙では、旧制第四高等学校（重要文化財）の校舎内の天井は高く、長い廊下が走っている。掲載当時は、「石川近代文学館」として活用されていたが、現在はそれと併せて「石川四高記念文化交流館」として、活用と活動の幅を広げている。もちろん松本高校の場合と同様に旧制高校生（旧四高）たちの生活文化誌と夢の跡を窺い知ることのできる展示も豊富にある。

表紙写真では、巻頭特集「〃学都金沢〃の心を再び。」と銘打たれている。そして、さらに小さな文字で「これからの「学びの街」のあり方を考える　金沢発・季刊ジャーナル」というメッセージが併記されている。一貫して市内と県内の大学と短期大学を中心とした、学術的ともいえる誌面はこのまち特有のグルメも温泉も一切登場しない、見事な観光文化誌といっても良かった。しかし残念ながらこの雑誌も今はない。

さて、わが国の地方都市で「学都」をまちの矜持としているのは、松本と金沢だけではない。京都や岡山、仙台なども自治体が中心となってそれを伝える。そもそも「学園都市」ということばもあるように「学都」も普通名詞であり、他にもそう名乗るところはあるに違いない。また、京都・仙台・松本・金沢・岡山は戦前に、旧制の三高・二高・松高・四高・六高という「官立ナンバースクール、地名スクール」があった難関校である。

しかし、そのエリートたちを懐古的に見詰めるのではなく、学びを通してまちの来し方行く末を、幼児から大学生、そしておとなまで、老若男女を越えて考えていく場としているところ、あるいはしていこうとしているところが、これらの街に共通した矜持なのだろう。それは、安易で表層的な「小京都」の乱立にはない、重層化された思いがある。

『白線流し』を松本に措定したフジテレビのプロデューサーたちの思いのひとつもそこにあったに違いない。

珈琲休息《コーヒーブレイク》②　「東京（中央）」と「地方」

都市と農村、あるいは都会と地方、東京（中央）と地方といった関係性がもつ「両義性」ともいえる側面を唄った歌は多いですね。これも、古くて新しいテーマであり課題です。

柳田國男が『都市と農村』（初出：一九二九年。『柳田國男全集29』ちくま文庫、一九九一年）のなかで語った一節で、「日本の都市が、もと農民の従兄弟によって、作られたことを力説」していたことは余りにも有名となったのではないでしょうか。

そして宮本常一は「都会は農村の人たちがつくりつつ、都会と農村は無縁だった」と語り、その理由として「日本における文化は片道コース……都会に行った文化が田舎へ向かってはね返ってくることがなかった」からだと考えました。そして「文化とはわれわれの生きる生き方の問題……生きる工夫の問題」であり「形成されたものを借りてきて着ているだけでは、これは文化ではなく、文明なんです。文明の恩恵はこうむっておるが、われわれ自体が文化的ではない」と断言します（「社会生活の変貌と新生活運動」熊本県新生活運動協議会主催の講演、初出：一九六二年六月七日。『宮本常一講演選集3　都市文化と農村文化』未來社、二〇一四年）。

いわゆるJポップの楽曲を例にとってこの問題を考えるのも一興だと思いませんか。

例えば、この章で例示した「木綿のハンカチーフ」（一九七五年）と「飛騨の吊り橋」（一九七七年）（ともに、作詞は松本隆）は、恰好の題材となるでしょう。

歌謡曲のテーマとしては、いわゆる「エンレン（遠距離恋愛）」をキーワードとした男女の問題を問うことが、「都市と農村」問題と関わってくることが多いようですが、伊勢正三が創った次の三曲もまた興味深いです。

「なごり雪」（一九七四年）、「海岸通り」（一九七五年）、「君と歩いた青春」（一九七六年）も考えるに惹かれる素材です。「都市」へ向かうこと、「農村」に帰郷すること、ともに「文明と文化」そして「男と女」の、それぞれがもつ両義的ともいえるアンビヴァレントな状況を象徴しているようです。そういえば欅坂46の楽曲に「アンビバレント」（秋元康、二〇一八年）というのがありましたね。なお、「男と女」といっても「男と女のラブゲーム」（作詞：魚住勉、作曲：馬飼野康二、一九八六年）の世界とは違いますよね。たとえ「狡さ」が内在していたとしても、「あなたが言うとおり　妹のままでいた方が　良かったかもしれない」（「海岸通り」）あるいは「君はなぜ　男に生まれてこなかったのか」（「君と歩いた青春」）は都市と農村が引き裂こうとする別れ際の台詞であるものの、「狡さ」の質には大きな乖離があるのかも知れません。

また松本の二曲には、「文明」を求めることと「文化」にこだわることとの差異が明確に表現されていますね。

さらに中央へと志向し、一度は地方（おそらく博多）から離れ離れとなった男女が最終的に中央（東京）で、ひとつの幸福をつかもうとするストーリーと読み取りたい連作を紹介しましょう。ともに、財津和夫が創ったチューリップの楽曲です。

「心の旅」（一九七三年）、「悲しきレイン・トレイン」（一九七七年）、「青春の影」（一九七四年）。うしろの二曲は、発表年が「悲しきレイン・トレイン」の方が後になっているが、ひとりの男の生活史と考えると「心の旅」「悲しきレイン・トレイン」「青春の影」という順で聴くのも良いのではないでしょうか。

「遠く離れてしまえば　愛は終わるといった」（「心の旅」）けれど、「やがて時がおとずれて僕の夢をつかんだら　その時君に手紙を書くよ　東京行きの切符を入れて」（「悲しきレイン・トレイン」）。そして「自分の大きな夢を追うことが　今までの僕の仕事だったけど君を幸せにするそれことが　これからの僕の生きるしるし」。

「手紙」「東京行きの切符を入れて」は、今の時代だからこそ、光りそして響くものがあるように思いませんか。

チューリップは二〇二二年（令和四）に、結成五十周年を迎えました。紆余曲折もあった「ザ・ロング・アンド・ワイディングロード」だったかも知れませんが、「青春の影」は日本のポップスを代表するスタンダードナンバーとして、財津は唄い続けています。私は、大学一年のときに初めて彼らのライヴを傾聴し、その後も何度も足を運びました（財津ソロコンサートも含め、あるいは財津・姫野コンサートも)。五十周年の年は大阪フェスティバルホールに赴きました。そしてすべて一度たりとも「青春の影」を聴かなかったことはなかったです。

もちろん、この楽曲は多くの歌手たちによって(福山雅治、鈴木雅之……)歌い継がれています。

ちなみにですが、NHKのディレクター川上雄三の著書、『財津和夫――人生はひとつ　でも一度じゃない』(集英社新書、二〇二二年)、興味ある人はぜひ読んでみて下さい。

＊「オマージュ」という言葉を、本文中でも何度か使いました。歌謡曲も当然ながらオマージュの対象となり得ると思います。作家の水沢菜穂子(一九六一－)に『君と歩かなかった青春』(講談社x文庫、一九九一年)という作品があるのですが、タイトルだけみたら、伊勢の「君と歩いた青春」のパロディと誤解する人もいるかも知れません。しかしこれは真摯な恋愛小説であり、伊勢が太田裕美に提供し自らもセルフカヴァーしているこの美しい旋律に寄せた、水沢によるオマージュだと私は思っています。作品中では伊勢が大久保一久と組んだユニットである「風」の名も、しっかりこの楽曲名とともに記されているのです。[写真]

4章

文芸と歌謡曲、あるいは詩と詞

1　詩と詞のなかに観る風景

吉本隆明の場合

吉本隆明は分野が多岐にわたる評論家であり、詩人でもある。後半生のなかで、川久保玲（ファッションデザイナー、一九四二ー。一九六九年（昭和四十四）に「コム・デ・ギャルソン」ブランドを立ち上げ、一九八〇年代のDCブランドブームを牽引し一世を風靡、その人気は今も続く）が創る服を纏い、一九八四年（昭和五十九）に『an an』（マガジンハウス社）という若い女性を読者とする雑誌の誌上に登場して物議をかもした。私たちの世代の間では記憶に新しいことだ。当時「コム・デ・ギャルソン論争」ともいわれたこの論議の発端、口火を切ったのは政治評論家で小説家の埴谷雄高（一九〇九ー一九九七）だった。「資本主義のぼったくり商品」と彼が表現した論争の詳細はここでは割愛したいが、後日別の機会でぜひ書きたいと思っている。ちなみに、いろいろな意味でおおよそファッションとは縁が遠そうな吉本のイメージゆえに、この論争は過熱したのではないだろうか。誌面に登場したのが例えばこの時期に、浅田彰らとニューアカデミズムのブームを牽引した宗教人類学者の中沢新一（一九五〇ー）だったとしたら（語弊のある喩えだが、思想家をモデルとするならば、彼は川久保の服が、ある意味では恐らく世間一般のイメージでは、より似合いそうでもあった）、論争は違った形を生んで展開していたであろう。ただ、川久保がこのブランドを立ち上げるときに「少年のように」という意のある仏語をその名とした。「少年のような心を持った人」ならば、老若男女関わりなく身に纏ってほしいという思いが、その意図に含まれていたのだろう。大学の哲学科で学んだ彼女らしいというのは偏見かも知れないが、偏見や先入観といったステレオタイプ、あるいは教条主義を排した服を創りたかったに違いない。

この頃、J・P・ボードリヤール（一九二九-二〇〇七）の『消費社会の神話と構造』（一九七〇年、邦訳は紀伊國屋書店、一九七九年）の邦訳が洛陽の紙価を高め、わが国の高度大衆消費社会からバブル経済へと続く時代をも批判的な観点からとらえようとする風潮があった。しかし論争のなかでの埴谷の発言は、時代の文脈のなかに強く置かれていたとしても、いかにも教条的に過ぎていた感は否めない。吉本からの反論に対して、こうした時代の文脈下で全面的には首肯できないとしても、同じ「文人」としてのふたりの感性を比したとき、私は吉本の肩を持ちたい（私が埴谷の名を最初に知り、その文章の一端を読んだのは高校三年生の一学期、「政治経済」の中間試験の出題文であった。今にして思っても、これはとても興味深い自分誌のエピソードだ）。

詩と詞、そして「無縁坂」

詩と詞という「同音差異語」（多分、私の造語かも知れない）については、すでにその私見は一定記した。そこでさらに記したいことを、吉本のある著書を紐解きながらそして昭和歌謡を織り込みつつ考えてみたい。

『戦後詩史論』（大和書房、一九七八年）がそれである。長編評論として書き下ろされ、この年の九月十五日付で初版が出るや、瞬く間に版を重ねて十二月十五日には六刷りを数えている。この著作のなかで、興味深い項がひとつある。当時、若い世代を代表する詩人であった平出隆（一九五〇－）による一篇の詩「吹上坂」を紹介し、それと対比させる形でやはり当時若い女性ファンを中心に高い評価を得ていた、ほぼ同世代のシンガーソングライターさだまさし（一九五二－）の楽曲「無縁坂」（作詞・作曲：さだ、一九七五－）を俎上に挙げている。

私は、高知市内を歩いていて立ち寄った書店でこの本を見つけて、思わず購入した。若い頃からつい最近までは、購入した本はそのときの日付とともに、購入書店の名を裏表紙あたりに記入する習慣があったので、そのときのことを思い出したのではあるが。【昭和 54.5.4.（金）at Book in Katagiri in Kochi】。こんなメモも、一行日記になるものだとつくづく思う。仮に忘れていたことでも、再読を通して思い出すことができる功徳だ。

そこは下宿して高知の大学に通う友人と会うために出向いたまちであった。友人はさだの大ファンで「先日、さださんが高知に来たとき、コンサートに行ってきた」と語っていた。鷹匠町の、路面電車が走るのが見える小さな喫茶店の二階で、買ったばかりのこの本を開き、「論評」し合ったことを思い出す（高知市では、「とさでん交通」が運営する路面電車が今もまちなかを揺ったりと走っている）。残念ながら、そのときに友人が着ていた「服の模様さえ覚えて」いなかったのは私の失態だが、老齢であるが誇りに満ちたようにして穏やかに観えつつ、しかし頑張って走る様の路面電車の雄姿を今も忘れることはできない。

またまた、とるに足らない余談で失礼。この頃は劇場やホールでの実演は、コンサートあるいはリサイタルと呼ばれることが多かった。いつごろからか、ポップス、フォーク、ニューミュージックを中心に、ライヴと称されるようになったかは定かではないが、同じ昭和歌謡でも演歌については、ライヴという表現はあまりとられてはいない。あくまでも参考に過ぎないが、ニューミュージックの走りの時代の二曲にそれぞれの一節である。

いつもコンサートが始まると　必ず君はそこにいました……今日がとうとう来たんだね　さよならコンサート　明日からきみはそこには　もう座らなくなる……

クラフト「さよならコンサート」(作詞・作曲：さだまさし、一九七五年)

今朝　新聞の片隅に　ポツンと小さく出ていました　あなたのリサイタルの記事です
もう一年経ったのですね……あなたと初めて出会ったのは　坂の途中の小さな店
あなたはいつも唄っていた　安いギターをいたわるように……

風「あの唄はもう唄わないのですか」(作詞・作曲：伊勢正三、一九七六年)

前者は、さだが弟分のバンドであったクラフトのために書いた楽曲で、後者は伊勢正三（一九五一―）が、かぐや姫解散後に大久保一久（一九五〇―二〇二一）と結成したユニット、風の楽曲である。

前後してつくられている。ともに名曲といわれるスタンダードナンバーが少なくない、さだと伊勢のなかでは隠れた佳曲といって良い。

伊勢の曲は、売れなかったころのミュージシャンを支えてくれていた糟糠の女性が哀しく心打つ。さらに、歌謡曲の場面で追記したい。「歌手」が「アーティスト」と呼称されるようになったのも、ライヴという言葉が一般化したことと歩調を合わせていたかのように思われる。そして、やはり演歌の場合はあまりアーティストというカタカナ語は使用されていない。

ただ女性歌手に対しては、どのジャンルにおいてもしばしば「歌姫」が多用されている。中島みゆき（一九五二―）の佳曲の影響があるのだろうか。「歌姫」（アルバム『寒水魚』所収、一九八二年）がそれである。もちろんそうだったとしても、それは中島が望んだことではないだろう。しかしサビの部分の「歌姫スカートの裾を　歌姫　潮風に投げて」は、まさしく聴く者の「夢も哀しみも欲望も　歌い流して」くれるようであった。

再びの追加余談、路面電車

余談が続きすぎるのも如何なものか、と思われそうだ。しかしそれでもあえて、いま少しの項を設けたい。

直前に路面電車を配した。現在（二〇二二年）、「軌道法」に基づいていえば路面電車が走る路線は十八である（多くの人々から人気を集める「江ノ電」（江ノ島電鉄）は、この規定では路面電車にはあたらない）。

札幌、函館から鹿児島までに点在する。私自身その総てに乗ったという経験はないが、比較的安価な運賃で多くが走る続けている。一方で高度経済成長期、モータリゼーションの時代のなか名古屋、京都（ともに、「市電」）などの大都市のなかでは、廃線を決めたまちもある。

しかし大都市の極みである東京は、都電（東京都交通局）と世田谷線（東急電鉄）が走り続けている。富山県では、隣接するふたつの都市、富山（富山地方鉄道）と高岡（万葉線）を有している。また、京阪電気鉄道の大津線は、大津市と県境を越えた京都市にまたがる形で疾走している。徳川家康の出生地の岡崎市は今でこそ走っていないが、まちの中心にあたる「康生通り」と交差する形で「電車通り」という地名が残っていたことを記憶している。このまちにかつて暮らしていた頃に、しばしば路面電車に揺られたくて赴いた隣町の豊橋市は今も路面電車が健在で、ＪＲ豊橋駅と交差するようにしてこのまちの変貌を見続けて来たかのようにして走り続けている。

岐阜市ではちょうど私がこのまちに住んでいたときに、名古屋鉄道の路面電車の最後の路線「美濃町線」の「徹明町と美濃駅」間が廃線となったのは一九九九年（平成十一）。この頃に走っていた「丸窓」のある車両は、ＪＲ岐阜駅前のバスターミナルの広場に保存展示されている。また美濃駅（美濃市）は、1章でもその名を挙げた野口五郎が生まれたまちで、旧駅舎に古い列車が展示されているとともに、野口を顕彰するようにして彼の代表曲「私鉄沿線」（作詞：山上路夫、作曲：佐藤寛、一九七五年）の歌碑がある。作曲の佐藤は、野口の実兄にあたる。路面電車の存在は、地域と市民の品格と誇りを示す有形の存在のひとつであると私は考える。たとえ廃線となっても、この岐阜の例も示すように（市民の力と努力のたまものであるが）。

経済学者の日下公人らが著した『品格なくして地域なし』という本がある（晶文社、一九九六年）。「品格」という言葉と概念は、全く計量化できないのでそれを地域のまちづくりや観光に関わる問題で使用することに懐疑的であったり、否定する経済学者もいるだろう。しかし究極的には「計量化」を求める「国家主義の地域おこし」を日下は否定し、「定性的」な「品格」を大切にしている。

地域をより良き形で守りたいと思うことはどの首長にも変わりないと信じたい。しかし守りたいがゆえに国の方針に従い、国に忖度する地方自治体の首長がいることも事実であろう（すべての「政策」がそうだとはいわないが）。

岐阜についていうと、興味深い事実が残る。一九六二年（昭和三十七）五月にときの市長が「路面電車がないことを町の誇りとする都市をつくりたい」と発言し、五年後の十二月の市議会で「名鉄市内線撤廃について」の決議も出されたのである。（服部重敬「岐阜は路面電車王国だった」井口貢・安元彦心編『岐阜の昭和30年代を歩く』風媒社、二〇二二年）。

ときの市長のこの発言、当時の人々がどのように聴いたか、その可否はわからない。しかし現代の視点で考えれば、それはまるで真逆のようである。モータリゼーションを推進し、高速道路網の整備に愁眉の急となっている時代の政府に迎合する市長の忖度《そんたく》ぶりには呆れざるを得ない（東京オリンピックの開催に合わせるようにして、東海道新幹線と名神高速道路は開通している）、と思うのは私だけではないはずだ。

しかし路面電車を連想すると、なぜかこうして「昭和」を連想してしまう。
これは、「昭和」を知らない少女たちが唄った令和の歌謡曲であるが（二〇一九年（令和一））、この詞（詩）には、確かに昭和の「都市・東京」と「地方」があるような気がしてならない。

故郷へ帰るのはもうどれくらいぶりだろう　いつの間にか父親の白髪が増えていた
高校を卒業して勝手な夢追いかけた　僕には自慢できるような土産話がない
そのままにしてくれてた西陽が差す僕の部屋
窓を開け風を入れ替えたら　ふと誰か会いたくて…

路面電車がガタゴトと走って行く街は
今も君が歩いているようなそんな気がしてしまう
通り過ぎる窓の景色はあの頃と変わったけど
そう僕たちがいつも待ち合わせた懐かしい思い出はここだ

乃木坂46「路面電車の街」（作詞：秋元康、二〇一九年）

フォークからニューミュージックへという時代（主として昭和五十年代）を牽引していた、さだや井上陽水（一九四八ー）あるいは財津和夫（一九四八ー）が書いたとしても決して不思議ではない詞の主題である。そこには、柳田國男の主題のひとつでもある『都市と農村』(一九二九年・昭和四年)、あるいは宮本常一が考究の対象とした『日本の中央と地方』(一九六七年・昭和四十二年)の世界が存在している。

さだ(長崎)、井上、財津(福岡)は九州の出身である。ニューミュージックへの移行期を彼らとともに担った吉田拓郎(一九四六－、広島出身)や小田和正(一九四七－、横浜出身)とは違う何かがあるのかも知れない。それは、はるか以前には「中央」とは陸続きではなかった九州のDNAだろうか。もちろん、五者には五様の個性と音楽性の違いがあるので、その優劣を指摘しているわけでは決してないということは、ここではことわっておきたい。

「九州のDNA」と記した。とりわけ、福岡を出自とする芸能界の人やミュージシャンは多い。博多のライヴハウス「照和」はそうした人たちの孵卵器であるかのようにして著名となった。陽水、財津(チューリップ)はもちろんのこと、甲斐よしひろ(一九五三－)が率いた甲斐バンドもしかりで、著作としては甲斐の『九州少年』(ポプラ文庫、二〇一〇年)などは、博多DNAへの想いを彷彿とさせてくれる。そしてさらに、この文庫版の解説を寄稿した江國香織(一九六四－)の一文が振るっている。東京生まれの彼女がみた、甲斐という男とその文章に対しての、「博多っ子純情」への敬服にも似た気持ちが溢れた文章だ。江國は「文章人格」という言葉を使ってそれを表現している。『九州少年』という本には、怖いほどくっきりとそれがあるのだが、どういう文章人格かというと、慎み深い人格。一頁ごとに、著者の慎みが感じとれる。慎重な子どもみたいな一本気な慎み」であると。

「博多っ子純情」というと、長谷川法世（博多出身、一九四五－）の劇画作品（『漫画アクション』連載、一九七六－一九八三年）として著名であるが、財津率いるチューリップの同名の楽曲（一九七七年）もまたファンにとっては忘れられない作品となっている。彼らのライヴには、私も何度か赴いたが、必ず唄われていたと記憶している。長谷川の作品をモチーフにして、メンバーの安部俊幸（リードギター、一九五〇－二〇一四）が詞を書き、姫野達也（ギター・キーボード・ヴォーカル、一九五二－）が曲をつけている。

いつか君行くといい　博多には夢がある　できるなら夏がいい　祭りは山笠
男達はとても見栄っ張りで気が強い　海の風に吹かれるから　だけどみんな
すぐに貰い泣きするよな奴　酒を飲んで肩をたたく

チューリップ「博多っ子純情」（作詞：安部俊幸、作曲：姫野達也、一九七七年）

吉本の感性と「無縁坂」という詩

さて、話をもとに戻そう。吉本が評価した「詩」としての「無縁坂」の一部をまず引用したい。

母がまだ若い頃　僕の手をひいて　この坂を登る度　いつもため息をついた

ため息つけば　それで済む　後ろだけは見ちゃだめと
笑ってた白い手は　とてもやわらかだった　運がいいとか　悪いとか
人は時々　口にするけど　そうゆうことって　確かにあると
あなたをみてて　そう思う　忍ぶ　不忍　無縁坂
かみしめる様な　ささやかな　僕の母の人生

さだまさし「無縁坂」（作詞・作曲：さだまさし、一九七五年）

平出は「吹上坂」であるが、ともに「坂」が表現されている。東京は坂の多いまちでもあるが、ここは例えば「紀尾井坂」ではない。名も無く美しく、そして普通に生きてきたはずのひとりの人が上り下りしてきた人生の「坂」に立つ。そしてその来し方行く末を顧みたときの感慨が謳われている。

吹上坂を下ってゆく　半生の眺めも名を変えて　饐えた靴はらに打ち寄せている
……
峠はひとつ　坂の名はふたつ　眼下の窪地はくらい一条
けれどもどんな胸突八丁へ　呼ばれているか　わからないこの夢うつつの一体は
……
勾配に脚をあそばせ浅い気流に息つめながら　吹上坂を下ってゆく

何も知らずに

（平出隆「吹上坂」『猫の客』河出文庫、二〇〇九年）

「比較することも滑稽であるといった戦後当初の現代詩と流行歌曲の作詞との距たりを、ここで感ずることはできない」と吉本はいう。この指摘は、まさに教条主義的思想家が嫌うところである。さらに「感性的な核は一方が高度で一方が低俗であるというようなことはない」と吉本は記すとともに「誰もが顔のない暗箱のような住居のひとつに顔のない衣装をまとってくらしている。そんなところで詩は風俗の歌謡やフォークソングから自分を区別することができるはずがない」といい、両者に差異があるとしたら「音譜に乗せること」ができるかできないかということにあると考えている。

文化の創造において生じる結果は、比較し優劣をつけることができない。それは、文明の創出とその成果について考えた場合との大きな違いである。文化（とりわけ芸術作品や文芸作品、音楽など）に対する評価は、それを享受し感じ取る人たちの主観によるところも大きく、明確なエビデンス（根拠、証拠）が見出しにくいところがある。そこが優劣をつけがたい理由でもあり、妙でもあるのだが。

大江健三郎と五木寛之、井上ひさしを比較し出版部数が一番多い人が一番優れた作家である、などと戯言をいう人はどこにもいない。同じように、竹内まりやと中島みゆき、CD売上枚数が多い方が楽曲的に優れ価値があるなどとは誰もいわない。定量的（計量的）推定と定性的な判断との差異は、時と場合によっては大きなディレンマを生むことがあるが、それは経済と文化の、古くて新しい葛藤でもある。ある意味で、定量的な判断を伴わなくて済むような「方言」の問題などは、優劣の判断に関わらなくてよいので随分気楽かも知れない。「出雲弁と北海道弁でどちらが優れていますか？」などと問う人はいないのだから。

しかし、東京と新大阪間を「要する時間距離」で比較したら「のぞみ号」の方が「こだま号」の方より早く到着できて「優れている」と評価する人はいるに違いない。これは、文明的評価であって、文化的評価ではない。先に「リベラルアーツ」という言葉をしばしば使ってきた。あえていえば、「文化的価値とその評価」について考え、理解すること・できることが、「リベラルアーツ」を学びそれが涵養されることの要諦になるのではないだろうか。それは、同調圧力から自由となり、またレジーがいう「ファスト教養」の欺瞞性を看破するうえでも必要なことである。

歌謡曲も時代の変遷とともに、「文化的評価」よりも「文明的評価」に重きを置く傾向になっていないだろうか。小室哲哉（一九五八－）の時代が登場して以降の流れのなかで強くそれを感じる。コンピューターとシンセサイザーで曲ができてしまうのだから。

本書の序章や1章で記した松本隆や「時代遅れのロックンローラーズ」たちが伝え続けたことと、それが共時的に進んでいたという事実も興味深く、気にかかるところではある。

2　さだまさしが立つ風景

オマージュ歌謡の旗手

文化（文芸作品、音楽、映像……）を創造するうえで、オマージュ（その意については序章に記した）という方法がときとして力を発揮する。その方法を安易に援用してしまうと、場合によって「パクリ、エピゴーネン」と非難の嵐を呼んでしまうこともある。

さだはこの「無縁坂」でもそうであるが、巧みにオマージュを技法のひとつとして使うことがある。その対象は、著名な作家の作品である場合もあれば、場所性（トポス、トポロジー）とその置換であったりと多様である。この巧みさがさだの面白さのひとつにもなっている。そしてそこに、私小説的味わいを巧妙に付記するのである。

「無縁坂」はその典型のひとつである。直截的にオマージュの対象となった先行的作品の名は挙がっていないが、それは森鷗外（一八六二－一九二二）の『雁』（一九一一年）であることは明らかであろう。「オマージュ」とは何か、という厳密な規定や定義があるわけではないとしても、「文学作品と歌謡曲との間に、オマージュの関係性は果たしてあるのか？」という問いや疑義もあるかも知れない。しかし、吉本がいうように「現代詩と流行歌謡との距たり」は場合によってないと考える。文学作品を下敷きにして優れた歌謡曲詞が生まれるとしたら、それもひとつの、文化創造のための手法であるということを確認したい。

もちろん、紙幅の関係があって「さだの歌詞とオマージュ論」を詳細に記すことはできないが、例を示す形で彼の歌のタイトルを直截的に「文学作品」から援用したものを数例順不同で挙げてみよう（「歌詞のタイトル」、作者『文学作品』）。「オマージュ」と断じ切ってしまうことが場合によっては、語弊があるとすれば「文学作品、文芸作品」から、さだが「ひらめき」（インスパイア）を得たと捉えてもらってもよい（発表年は、ここでは省略した）。「オマージュ」であるということを強調しすぎることは、かえってさだの意図を離れる場合もあり得るから。

「セロ弾きのゴーシュ」宮沢賢治『セロ弾きのゴーシュ』
「つゆのあとさき」永井荷風『梅雨のあとさき』
「檸檬」梶井基次郎『檸檬』
「城のある町」梶井基次郎『城のある町にて』
「東京物語」小津安二郎『東京物語』（映画）
「舞姫」森鷗外『舞姫』
「初恋」島崎藤村「初恋」（詩）
「防人の詩」大伴家持編（?）『万葉集』（和歌集）

私が聴き知る限りであるが、列挙してみた。またこれ以外に、クラフトに提供した「僕にまかせてください」は、夏目漱石の『彼岸過迄』の啓示から当初タイトルはそれにしようかと思ったと、さだが語っているのを聞いたことがある。

「飛梅」（LPレコード『風見鶏』に収録、他に上記の「セロ弾きのゴーシュ」「梅雨のあとさき」も所収、一九七七年）に至っては、菅原道真（八四五－九〇三）その人へのオマージュであり、現在・過去将来という来し方行く末のなかで、若いふたりの恋人たちのそれに託したながら、「飛梅伝説」と道真の「京への想い」が重ね置かれている。

まちへのオマージュと「檸檬」を見詰めて――京都三条麩屋町と御茶ノ水・聖橋

文学・文芸作品に限らず、「まち」に対する想いも、さだの詞（詩）のなかには強く描かれる。それはときとして、文学・文芸作品と重なり合い、あるいはオリジナルな文学作品が描いた場所を、他の場所に置換しながらそこによって立ったひと（あるいは人々）と、その想いを重ね合わせながら、そのまちへの敬愛が込められていることが多い。そしてそこには、ときとして地名さえ変えればどこのまちにもなり得る可能性がある「ご当地ソング」という軽便さはない。

その典型例は「檸檬」（一九七八年）である。今の若い人たちにとっての「れもん」は、米津玄師（一九九一－）が唄う「Lemon」（二〇二〇年）に違いないが、私たちが学生だった頃の「れもん」は、梶井基次郎（一九〇一－一九三二）の著した『檸檬』（一九二四年）であり、さだが唄う「檸檬」であった。さらに年配の人たちにとっての「れもん」の唄は、デューク・エイセスが唄う「おさななじみ」だったに違いないが。

おさななじみの　想い出は
青いレモンの　味がする
デューク・エイセス「おさななじみ」（作詞：永六輔、作曲：中村八大、一九六三年）

ただ少し、ここで米津の楽曲も忘れずに頭に入れておいてほしい（これは、平成歌謡であるが）。これからさらに綴ることになる、さだの詞と詩の「物語」と通底するところがあるはずだ。

夢ならば　どれほどよかったでしょう
未だにあなたのことを夢にみる　忘れた物を取りに帰るように
古びた思い出の埃を払う
米津玄師「Lemon」（作詞・作曲：米津玄師、二〇一八年）

梶井が描いた『檸檬』（新潮文庫ほか。初出：一九二五年）は、京都三条通麩屋町。さだが作詞した「檸檬」は御茶ノ水。そして京都の檸檬は、三条寺町の果物店の「八百卯」（二〇〇九年閉店）で買ってきたばかり、そして当時の「丸善京都店」（現在は、移転）の美術書の棚にそっと「私」は置いて立ち去る。お茶の水の檸檬は、「君」がかじりかけたまま「聖橋」から放り投げ、広がる波紋とともに「神田川」に落ちていく。一九二三年（大正十二）に発生した関東大震災に対しての復興橋として、一九二七年（昭和二）に架橋された「聖橋」は、湯島聖堂とニコライ堂（東京復活大聖堂）を望む聖なる橋であり、聖と俗との狭間を結ぶ。

なお、まちへのオマージュ、まちに対する想いや敬意という視点でさだの詞を考えるとき、郷土愛という言葉が浮かぶ。まちづくりや観光について考えるときに、自分自身が依って立ってきた「ふるさと」への矜持を忘れてはならない。そしてそれは、ステレオタイプで考えがちなこの言葉を再考する機会ともなる。周知のようにさだの故郷は長崎であり、最初のヒット曲「精霊流し」は、長崎のお盆の（八月十五日）文化誌と民俗誌を描き出したものだ。

「長崎小夜曲」や「絵はがき坂」「長崎 BREEZE」なども、わが町に想いを託した佳曲である。「絵はがき坂」については、活水女子大学周辺に集う女子大生や当時ディスカバー・ジャパンキャンペーンの顧客層の一角を演じた「アンノン族」の女の子たち（社会的には、彼女たちを批判的に捉える向きもあった）を、微笑ましく描いている。

「広島の空」に至っては、第二次世界大戦中の唯一の被爆国であった国のふたつのまち、ヒロシマとナガサキを結ぶ平和への祈りと、二度とあってはいけない戦争に想いを寄せた曲である。さだは、一九八七年（昭和六十二）から、郷里の稲佐山で八月六日（広島に原爆が投下された日）に「夏　長崎から」という無料の野外コンサートを挙行してきた。そのときのためにつくられた歌である。テレビの歌番組でよく登場する「ご当地ソング特集番組」には登場したことのない楽曲たちであるが、そこにひとつの魅力と意味もある。

麩屋町の檸檬と丸善

丸善京都店が開設されたのは、一八七二年（明治五）のことである。一九〇一年（明治三十四）、大阪に生まれた梶井が、京都の第三高等学校（旧制、現在の京都大学）に入学するのは一九一九年（大正八）のことである。三高の学生であった「私」にとっても、丸善はある意味で聖なる空間であったに違いない。

書店としての丸善は有名である。しかしその創業者・早矢仕有的（一八三七―一九〇一）やその歴史については、意外と知られていなかったかも知れないが、梶井のこの作品が文庫本にして僅か九頁の短編とはいえ、高く評価されたことは丸善の名を広く伝えることとなり社にとっても大きな矜持となった。現在、書店は当時の三条麩屋町ではなく、河原町の大きな商業施設（京都BAL）の地下一・二階のフロアに移っている。しかし今でもそのフロアの一角には、ランドマークのごとく「檸檬のコーナー」がその誇りを伝えている（**図1**）。

早矢仕は幕末期に、岩村藩の典医の家系に生まれている（現在の岐阜県恵那市岩村町、このまちは「女城主のいたまち」ということで、古くから知る人ぞ知る城下町であった。日本酒ファンにとっても地酒「女城主」は有名である。二〇一八年にはNHKの朝のテレビ小説『半分、青い』で一躍著名となった。今も城下の面影が色濃く残り情趣溢れるまちだ）。名古屋で医学を学び、その後上京し実業家としても多彩で優れた業績を残している。そのひとつが、洋書、書籍、洋品雑貨などを商う「丸善」となって成長する。ハイカラな洋食ブームのなか「ハヤシライス」を考案したのは、諸説あるものの早矢仕であったのではということは有名で、河原町の丸善の地下二階のカフェに行けば、そのことをしっかりとアピールしていることがわかる。なお、早矢仕は福澤諭吉（一八三五―一九〇一）と同世代ながら、福澤の門下生でもあったという（丸善カフェのパンフレット「丸善はじめ物語」発行年不詳）。

梶井の時代にそのようなカフェを併設していたわけではないが、三高生に限らず学生や大学人が多い京都のまちでは、この丸善はひとつの聖地であったことには違いない。

作品のなかで梶井は、「私」の眼を通して語っている。「生活がまだ蝕まれていなかった以前私の好きであった所は、例えば丸善であった」と。そして心身ともに生活に疲弊をきたし蝕まれていくなか、丸善は「愛憎」半ばするような「両義的」な場となる。

図1　檸檬のコーナー（丸善京都本店）

「えたいの知れない不安な塊が私の心を始終圧えつけていた。焦燥と云おうか、嫌悪と云おうか……」と冒頭に記された苦悩に満ちて暮らすうちに、その「彷徨い出る」ことを求め、何かに追い立てられるかのようにして寺町通りを下り、「街から街へ」「裏通りを歩いたり」いくつかの店先で立ち止まり見詰めたりしつつ、「その果物屋は私の知っていた範囲で最も好きな店であった」という「八百卯」に行き当たる。

もちろんこの果物屋は、丸善のように立派で華やかなところではない、ごくありふれた普通で当たり前の商店であった。しかし「私」には「果物屋固有の美しさが最も露骨に感ぜられた」ので、「極ありふれている」檸檬ひとつだけを買い求める。「一体私はあの檸檬が好きだ」と感じ、これを袂に入れて再びまちを歩く。そしてこのたった一個の檸檬のおかげで「始終私の心を圧えつけていた不吉な塊がそれを握った瞬間からいくらか弛んで来たとみえて、私は街の上で非常に幸福」な気分となり「あんなんに執拗かった憂鬱が」こんな些細な果物ひとつで紛らされていく自己を不思議に感じる。

「軽やかに昂奮に弾んで」このたったひとつの檸檬がもたらしてくれた「この重さ」こそが「総ての善いもの総ての美しいものの重量に換算してきた重さ」であり「私」にとっての「幸福」を再確認して、生活が蝕まれはじめてから避けていた「丸善」の前に立つ。そして易々とした気分で店内に入っていったのである。さらに美術書・画本の書架の前に立って、「本の色彩をゴチャゴチャに積みあげ」て奇怪で幻想的な色彩を呈した本の山という「幻想的な城」の頂に檸檬の黄金色を据えてそれを眺めるのだった。その後で「それをそのままにしておいて私は、何喰わぬ顔をして外へ出る」のだが、この黄金色の檸檬が爆弾であったらと幻想し、丸善が十分後に大爆発したら「どんなに面白いだろう……あの気詰まりな丸善も粉葉みじんだろう」という妄想色を脳裏に彩りつつ、「奇体な趣で街を彩っている京極を下って行った」のである。聖なる空間の「丸善」に対する相反する感情を抱きながら、俗なる空間としての「京極」商店街に向かったのである。友人に借りたお金で、酒場に向かったのかも知れない。作品のなかには、「私」を癒すあるいは彼が捨てたり捨てられたりする女性も、その影は見当たらないが、それはさだの『檸檬』との差異である。しかし「私」にとって「えたいの知れない不吉な塊」を癒してくれていた「丸善」から離れ、さらなるその傷心をいやしてくれた檸檬に恋し、その檸檬とともにかつての恋人「丸善」をともに葬り去るという妄想に瞬時の酔いを感じたのではないか。檸檬を投げ棄てるのではなく、そっと書架に置いたところに「私」の思いが込められている。

聖橋と「檸檬」、返歌「追伸」そして後日譚の「主人公」

或の日湯島聖堂の白い石の階段に腰かけて　君は陽溜まりの中へ盗んだ
檸檬細い手でかざす　それを暫くみつめた後で
きれいねと云った後でかじる　指のすきまから蒼い空に　金糸雀色の風が舞う
喰べかけの檸檬聖橋から放る　快速電車の赤い色がそれとすれ違う
川面に波紋の拡がり数えたあと　小さな溜息混じりに振り返り
捨て去る時には　こうして出来るだけ　遠くへ投げ上げるものよ

君はスクランブル交差点斜めに　渡り乍ら不意に涙ぐんで　まるでこの街は
青春達の姥捨山みたいだという
……
喰べかけの夢を聖橋から放る　各駅停車の檸檬色がそれをかみくだく
……
消え去る時には　こうして出来るだけ　静かに堕ちてゆくものよ

さだまさし「檸檬」(作詞・作曲：さだまさし、一九七八年)

この詞には紛れもなく詩がある。吉本隆明がいみじくも述べたように、「現代詩と流行歌謡との距たり」はない。そして、梶井の『檸檬』への的確なオマージュとなっている。

もちろん「場所が違う」(三条麩屋町周辺か、お茶の水界隈か)し「独白か息が詰まるような重苦しい会話」(心病んだひとりの男子学生か、別離に直面した学生男女か)という相違はここでは全く関係ない。それは、表層的なことにしか過ぎない。

交差する多様な色彩のなかで、たった一色の檸檬色の存在によって、これまでの若き生き様、あるいはともに過ごしてきた青春の日々のなかで瀕した苦界ともいえる状況に、救いともいえるものを見出そうとする「聖」なる一瞬の空間がここにある。

聖と俗、清と濁、この渦中に青年期（だけではなく、中高年も同様、いやなお一層かも知れない）の両義性がある。とりわけ純粋な青年期、あるいは純真な青年ほどその両義性の狭間で苦慮するのかも知れない。梶井の短編の秀作とさだのこの詞にみる詩心は、そのことを言い当てることで、通底しているのである。

そして、さだのその詩心を補うようにして存在するのが、「追伸」と「主人公」という彼の詞である。発表年は「檸檬」が一九七八年（昭和五十三）、「追伸」が一九七五年（昭和五十）、「主人公」は一九七八年（昭和五十三）である。ここに描かれるひとりの女性が同一人物であると仮定したら三つの作品は、「学生だらけのまち」御茶ノ水界隈（**図2**）で若い日々を過ごしたひとりの女性のささやかな青春譜となって興味深い。「檸檬」と「主人公」は、さだのLPレコード『私花集（アンソロジイ）』のなかにともに収録されている。

図2　聖橋，御茶ノ水あたり

「追伸」と再びの鷗外、それは漱石ではなく

何か嫌なこと、苦いことに出会ったら（例えば、失恋）

女性は髪を切る。そんなことがよくいわれたのは、随分以前のことであり、それはおそらく心がステレオタイプにおかれた男性からの偏見に過ぎないのだろう。しかし、この女性は別れを決意して髪を切ることになる。昭和五十年頃の挿話である。

風に頼んでも無駄ですか　振り返るのは嫌いですか
どこにもある様な事ですか　私髪を切りました
……
下手なくせにあなたの為に　編みかけた白いベスト
やはり夢でした　ほどき始めましょう
あなたに借りた鷗外も　読み終えていないのに
最後のわがままです　あなたの肩巾教えて下さい
……
どこにもある様な事ですか　私髪を切りました

グレープ「追伸」（作詞・作曲：さだまさし、一九七五年）

この楽曲を私が初めて聞いたのは、学生時代の初期のことである。グレープ（さだと同郷・長崎出身の吉田正美と、さだとのユニット）のＬＰレコード『せせらぎ』に所収されていた。髪を切る話はさておき、そのとき心に残ったのは「鷗外」という名だった。

何故さだは「鷗外」を詞のなかに記したのか。同時代の双璧と云える文豪「漱石」ではなかったのかということである。性愛や不倫などのドロドロした部分、これについては「演歌」に任せたいと彼が思っていたのかどうかはさておき、漱石はもちろんのこと鷗外もそのような部分に対しての沈黙は決して守っていない。しかしそれをも含めて「歴史を語ろうとする」鷗外の「史心」を、さだは漱石のそれ以上に感じていたからに違いない。

「あなたに借りた鷗外」は、『雁』か『舞姫』だったのだろうか。少なくとも『ヰタ・セクスアリス』ではなかったはずだ。ただ少し斜に構えるが、『高瀬舟』であったとしたら興は惹かれる。その理由をここでさらに記すと、下衆の勘繰りの三文小説になりかねないので、紙幅を浪費しないためにも控えたい。続きは、読者諸氏に委ねたい。ヒントは「京都」「高瀬川」「流人」……。

「主人公」がいた風景、御茶ノ水

久しぶりに私が御茶ノ水界隈をゆっくり歩いたのは、何年ぶりのことだったろうか。それは、二〇二二年（令和四）のことである。行き交う人々は、誰一人としてマスクを外す人がいない梅雨のはじまりのときであった。

多くの作家や文人に愛された「山の上ホテル」（一九五四年開業）に泊まってみようとも思った（図3）。中学生の頃より日本文学に関心を持っていた私にとっては、ここは憧れの場所でもあった。そ

図3　山の上ホテル（出典URL：https://commons.wikimedia.org/wiki/File:Misono-za_2018_-_1.jpg Author: KKPCW（CC BY-SA 4.0））

して、神田古書店街を歩き、これも数年ぶりの古喫茶で寛ごうかと考えていた。時間を潰したり、仕事を「さぼうる」ときは、どこにいても古喫茶を訪れるに限る。まさにサードプレイスは、人生のよりどころにもなる文化的空間である。「山の上ホテル」もまた同様、作家にとってはサードプレイスもまた仕事の場であるのかも知れないが、そこは本来のセカンドプレイスである書斎を兼ねる、より快適な空間なのだろう。

この憧れのホテルを設計したのはW・M・ヴォーリズ（一八八〇－一九六四）、彼は滋賀県とりわけ近江八幡市との縁と関わりが深く、のちに日本に帰化し一柳米来留（ひとつやなぎめれる）と名乗る。近江八幡市は長い間ゼミの学生とともにフィールドワークの場として関わってきたセカンドプレイスかも知れないが、やはり私たちにとってサードプレイスが併設された空間であった。机上で学ぶセカンドプレイスにはない発見が、ひいてはそのセカンドプレイスに還元される。ちなみにであるが、ヴォーリズは私たちの大学のカレッジソング――それは「One purpose…」で始まる――を作詞した人でもある。

さて、さだの曲「主人公」は、通説ではその御茶ノ水界隈が描かれたものといわれている。一方で御苑を中心とした新宿界隈を推す説もある。さだは、固有名詞は一切使わずわかり易い言葉で詞を紡いでいる。まさに、本来はno-whereで描くことで広く若者たちに、そしてかつて若者であった人たちにも伝え得る人生の応援歌をと念じたのだろう。「聖橋」での失意や「追伸」で記した諦観をもこえて、ポジティブに生きることの大切さを謳いあげたことが、結果として多くの人たちに四十年以上に渡り支持され、多くの歌い手にもカヴァーされてきたのである（かつて、同志社大学野球部で活躍してドラフト一位で中日ドラゴンズへ入団後も巧打者として評価された田尾安志（一九五四－）もカヴァーしレコードデヴューしている）。

「主人公」であえて固有名詞を避けたことで、ご当地ソングのごとく表層性を「真似ぶ」こと、あるいは当時はなかった言葉であるが、最近一時流行った「コンテンツツーリズム」の表層性をのみ顕示するような歌はつくりたくなかったのだろう。深層性までも深く「学ぶ」ことなくスタンダード性を維持することは、歌に限らずあり得ない。たとえ爆発的に評価されても、表層性の限界はそれを瞬時で終わらせてしまう。「すぐに役立つことは、すぐに役立たなくなる」（灘中高の国語教師だった橋本武の言葉）とは、けだし名言といってよい。

新宿西口広場と学生運動については、少し前に触れた。御茶ノ水もその頃、日本のカルチェラタンと称され、学生運動の「戦場」にもなった。しかし、さだはそのことを想起させることには触れていない。さだの最初のブームが起きた頃に「軟弱視」あるいは「ノンポリ視」する、昭和四十年前後のフォークファンだった人たちもなかにはいたという記憶が残る。

時には思い出ゆきの　旅行案内書にまかせ　「あの頃」という名の駅で下りて
「昔通り」を歩く　いつもの喫茶には　まだ時の名残りが少し
地下鉄（メトロ）の駅の前には「62番」のバス　鈴懸並木の古い広場と　学生だらけの街
そういえば　あなたの服の模様さえ覚えてる　あなたの眩しい笑顔と
友達の笑い声に　抱かれて　私はいつでも　必ずきらめいていた

「或いは」「もしも」だなんて　あなたは嫌ったけど　時を遡る切符があれば
欲しくなる時がある　あそこの別れ道で選びなおせるならって
勿論　今の私を悲しむつもりはない　確かに自分で選んだ以上精一杯生きる
そうでなきゃ　あなたにとても　とてもはずかしいから　あなたは教えてくれた
小さな物語でも　自分の人生の中では　誰もがみな主人公　時折り思い出の中で
あなたは　支えてください　私の人生の中では　私が主人公だと
さだまさし「主人公」（作詞・作曲：さだまさし、一九七八年）

楽器店、明治大学、山の上ホテル……

ＪＲ（中央線）御茶ノ水駅を降りると、神田川に架かる聖橋と並行対峙するようにしてあるのが御茶ノ水橋である。もちろん「地下鉄（メトロ）の駅の前」とも指呼の距離である。東京医科歯科大学を背にしてその橋を降ると明大通り、そこを歩くとわずかな道程のなか数多くの楽器店が軒を連ねる。そして屹立するかのように聳え立つ明治大学の本館、リバティタワーの威容に驚く。そしてその右手にある小さな「吉郎坂」を登ると先に記した「山の上ホテル」だ。

なお作詞家としてその名を大きく残した阿久悠（一九三七－二〇〇七）の母校であるこの大学は、彼の業績と功績を顕彰し、キャンパス内に「阿久悠記念館」を開設している。二〇一〇年（平成二十二）のことである。彼は、『瀬戸内少年野球団』（一九七九）という自伝的な長編小説も世に送っている。これは、篠田正浩（一九三一－）によって映画化されたことで（一九八四年）さらに著名となった。夭逝の女優・夏目雅子（一九五七－一九八五）が主演したことでも有名で、バイプレイヤーとして出演したのが、今では「世界の」といわれる「もうひとりのケンさん」渡辺謙（一九五九－）だった。

意外と知られていないかも知れないが、井上陽水（一九四八－）の大きなヒット曲「少年時代」（一九九〇年）は、その篠田がメガフォンをとった映画『少年時代』（原作は藤子不二雄Ⓐ、一九九〇年）の主題歌として流れたものである。この映画は、藤本弘（藤子・Ｆ・不二雄、一九三三－一九八七）と安孫子素雄（一九三四－）が少年時代に過ごした郷里、高岡市と氷見市（富山県）での出会いと友情がベースとなっている。周知のことであるが、その出会いが「トキワ荘」で開花するようにしてふたりでひとりの「藤子不二雄」を生み、わが国の漫画史を大きく彩ることになる。

高岡市の路面電車や「あいの風とやま鉄道」氷見線を走る車両は、描かれた彼らの作品が夢を乗せるようにして走っている。安孫子（藤子不二雄Ⓐ）の実家である氷見市の光禅寺は、境内に入ると「怪物くん」たちの石の像が私たちを迎えてくれる。寺院のなかに入ると、小さなミュージアムを観るかのように、レプリカではない本物の作品が廊下に展示され、手塚治虫（一九二八－一九八九）からもらったという机が置かれていて興を深くそそられる。

教養主義を支えていたもの

さてここで御茶ノ水について語るうえで、必須ともいえる一冊の本を紹介しよう。中村実男『映画のなかの御茶ノ水』（明治大学出版会、二〇一五年）である。いくつもの映画をフィルターにして御茶ノ水とそれぞれの時代の社会を鑑みる著作で、これを「コンテンツツーリズム」のための「旅行案案内書（ガイドブック）」とは、決して思わないでほしい。「文芸社会学」のひとつの大きな成果である。

これは、〈明治大学リバティブックス〉シリーズの一冊として刊行されたものである。書籍の最末尾に「刊行にあたって」というメッセージが記されている。その一部を引用したい。

教養主義がかつての力を失っている。悠然たる知識への敬意がうすれ、精神と文化ということばにも確かな現実感が得難くなっているとも言われる。情報の電子化が進み、書物にも読書にも大きな変革の波が寄せている。ノウハウや気晴らしを追い求めるばかりではない、人間の本源的な知識欲を満たす教養とは何かを再考すべきときである。……

二〇一三年十二月
明治大学出版会

そしてさらに、野間良明（一九六九－）の近著『「勤労少年」の教養文化史』（岩波新書、二〇二〇年）も、「教養主義」について考える大きなヒントになるので勧めておきたい本である。そしてそこから、上級国民の欺瞞性やファスト教養がもたらせる陥穽、「柳田的常民」が養い有してきた、常民の生活思想がいかにその生活誌のなかで育まれてきたかを読み取ることもできるだろう。

野間は、「教養主義」が学歴エリートだけの専有物ではなかったと考える。すなわち文学や思想、歴史への関心が農村の青年団や青年学級での読書会、勉強会などで論じられていたことを示し、「大衆教養主義」がわが国の「教養主義」を背後から支えてきたことを明らかにしているのである。これは私見ではあるが、その読書会や勉強会の合間では、歌謡曲も話題となり、愛唱されたに違いない。ときとして、中学校卒業と同時に東京に出て就職した同級生たちのことを思いつつ、郷里でしっかり生きていくことを念じつつ。

ここにおそらく、家永三郎の心のなかには、上級国民の彼が想起する農村青年は不在だったに違いない。

伝言板の上の詩

高度経済成長の真っただなかの一九六四年（昭和三十九）、井沢八郎が唄った「あ、上野駅」を思わず想起してしまう。

どこかに故郷の　香をのせて　入る列車の　なつかしさ
上野は俺らの　心の駅だ　くじけちゃならない　人生が
あの日ここから　始まった

井沢八郎「あ、上野駅」（作詞：関口義明、作曲：荒井英一、一九六四年）

そして今、「学歴の大衆化」は、何を変えたのだろうかと思う。

相手方に「言葉を伝える」ための手段は、まさに多様だ。しかし明治大学出版会からのこのメッセージは、こうしたツールが日々進展する電子化の流れのなかで、より早く軽便化するほどに失っていくものがあることへの警鐘でもある。さだがこの「三部作」ともいえる詩を綴ったとき、SNS、メール、LINEはおろか、ポケベルすらなかったはずだ。私たちが学生だったころは、向き合って友と語らうことができないときは、手紙か固定電話、あるいは駅舎のなかに佇むようにしてあった「伝言板」に頼るしかなかったのである。

駅舎の「伝言板」といっても若い人たちにはわからないかも知れない。待合室や改札口付近にそれは置かれており、文字通り小さな「黒板」に「白墨（チョーク）」が添えてあった。それは、決して「ホワイトボード」と「マーカー」ではなかったはずだ。「誰にともなく」メッセージを書きなぐるようにして記したものも確かにあった。しかしそれを現代の「ツイッター」の原型であったとは、いわない・いえない・いいたくないものである。

ただお前がいい　わずらわしさに投げた小石の　放物線の軌跡の上で
通り過ぎてきた　青春のかけらが　飛び跳ねて見えた
……
おとすものなどなんにもないのに　伝言板の左の端に　今日もまた一つ
忘れ物をしたと　誰にともなく書く
中村雅俊「ただお前がいい」（作詞・作曲：小椋佳、一九七五年）

やはりここには「詩」があった。ときとして「ツイッター」に散見する悪意や邪意は少なかったと記憶している。当時私が通学や通勤で利用していた駅での範囲ではあったが。

さて確かにさだが、no-where であることを一定留保しつつも、「主人公」と連なるまちを御茶ノ水に比定していたということを改めて感じながら、私は「山の上ホテル」で一旦旅装を解いてから、神田古書店街に向かった。そしてそんなとき、街角のどこかから令和の唄が流れてくるのを聞いた。それは米津玄師の「Lemon」だった。

5章
海を感じる時

1　風景と歌（唄）

山川海湖と花鳥風月から考える

月並ないいかたになる。わが国は島国で周囲は海に囲まれている。そして多様な山間地と河川がそのなかを彩っている。この風土のいずれもが、文学・文芸といった文化領域での多様性を生み出してきた。少なくとも明確に文字で記された万葉の時代から現代にいたるまで、詩歌や唄（民謡や歌謡曲）はこの風土が表現の対象となり、この国に住まう人々の心を支え、励まし勇気づけてきた。もちろん、先にも記したが戦時歌謡のように、人々を誤った勇気鼓舞へと導いてしまった「負の文化政策、文化行政」が確かに存在したことも否定できないが、私たちはそのことを「史心」と「詩心」で問いなおし、本当の勇気をもってそれが誤っていたと訴えなければならない。「歌」と「唄」の力は、その是正にも寄与するものでなければならない。

もちろんそれはただ文学・文芸だけではない。風土は自然、人文、社会を問わず科学の対象ともなってきた。そしてそのことは、つまるところ対象としての文学や文芸にも還元されてきたであろうし、自然・社会・人文科学に対して文学や文芸、歌謡は少なからず「心あるお返し」をしてきたものと私は確信している。これらをあえて一言でいえば（少し乱暴かも知れないが）、「人文的連鎖」と呼びたい。すなわち人文的知見である「人文知」が文学も歌謡曲も、あるいは自然・社会・人文科学をも豊かなものにしてきたに違いない。

稀代の経済史家であった内田義彦（一九一三－一九八九）は、『作品としての社会科学』（岩波書店、一九八一年）という名著のなかで「社会科学的暴力」という言葉を、ひとつの警鐘として私たちに残してくれた。「専門バカ」（以前はよく使われた警句）になってしまったらその専門性をも見失ってしまう、つまるところリベラル・アーツの基底にあるものは「人文知」に尽きるということだ。

花鳥風月という情緒的ともいえるこの四文字熟語は、豊かな風土性を示す言葉でもあるだろうが、それらはまさに山川海湖を基調としてそこに住まう人たちの喜怒哀楽と生老病死とに寄り添ってきた。支持され続ける歌謡曲の多くは、そこに共感を覚えるところに所以がある。それは、郷土が有する固有性といっても良い。何度か記してきたが、表層的なご当地ソングやコンテンツツーリズムでは得難い情感をそれはもたらせるはずだ。わが国の現代民俗学の世界でも強調されている「ヴァナキュラー」であるということは（島村恭則『みんなの民俗学――ヴァナキュラーってなんだ？』平凡社新書、二〇二〇年などを参照されたい）、そのことと通底するはずである。

地域の真の固有性のなかで生きる「民」としての常民の喜怒哀楽を、「俗」という日常の時間と空間のなかで、より良き生を実践し実現していく努力と鋭意。それこそが「ヴァナキュラー」について考えることの責務でないだろうか。

ヴァナキュラーとご当地ソング

「ご当地ソング」という表現をとったが、ひたすら地域の固有名詞をひけらかすようなそれが少なからず存在してきたことは否定できない。しかしそのことは必ずしも本当の意味での「ヴァナキュラー」の表現には当たらないということも付記しておきたい。そのような表層性のみの強調は、島村が上掲書でいう「非主流、非中心の世界こそが民俗学の対象」と似て非なるところにあるからだ。そして「ご当地ソング」という歌謡曲は、広義な民謡（folk-songs）でなければならないと思う。それは中央・中心という大きな対象と向き合い、対峙しつつ、より良き地域、地方・非中心について考えること、といっても良いだろう。

例えば、「海」を唄っても港の名前を代えるだけで、日本海でも太平洋でも唄える唄になってしまったとしたら、それは「ヴァナキュラー」としてのご当地ソングとはいえないと私見ながら考えたい。

3章で、“nowhere”という言葉を使ったが「固有名詞」のない世界で地域を唄い、そのことを通して地域の固有価値を改めて考えることは、より良き民謡や歌謡曲にとってのひとつの理想かも知れない。あるいはたとえ「固有名詞」を使ったとしても、そこに「非主流、非中心」が確固として存在しているということを発見することもまた「ヴァナキュラー」について考える愉楽ではないだろうか。何といっても民謡や歌謡曲は、“folk”すなわち常民の詩なのだから。戦時歌謡が否定される理由のひとつを考えるうえで、ここに記した「非主流、非中心」という常民の世界を踏みにじることを鼓舞する「覇権主義」が内在化されていたということを忘れてはならない。すでにいくつかの例を示した「反戦歌」は、「覇権主義」への反歌であり、常民の穏やかな日常の生を求める“folk-songs”であったのだ。

2　作品としての『海を感じる時』
――中沢けいと小椋佳、そして五十嵐麻利江――

中沢けい『海を感じる時』の生と性

山川海湖と花鳥風月から考える、と前節では記したもののこれらすべてを踏まえて文芸と歌を論じることは、間違いなく私の手には余る仕事だ。ゆえにここでは「海」についてそのほんの一部を記したい。

中沢けい（一九五九－）の『海を感じる時』を最初に読んだのは、彼女が文芸誌『群像』（講談社）の新人賞を獲得した一九七八年（昭和五十三）、同誌上のことである。大学に入学して間もない彼女が、恐らく高校生の頃から書き記してきた小説のひとつであったのだろうが、女子高校生の生と性を、確固たる文体で表現した作者の筆力には、驚きの念を禁じ得なかった記憶がある。母と対峙する生、恋人と対峙する生と性。そしてそのやりきれないような思い。

『群像』新人賞といえば、その前々の一九七六年（昭和五十一）に村上龍（一九五二－）が受賞し、彼はさらにその作品で芥川賞を受賞していた。中沢のそれとは背景や舞台は違うものの、若者の生と性をテーマにした作品であった。私たちと時代を共有する同世代の「学生作家」に対しての羨望のなかで、ともに大きく注目された。村上が米軍基地のあるまち福生を描き、中沢は千葉の館山を中心に「海」を背景に記している。村上の作品は、いち早く映画化された。しかし、中沢の作品が映画化されたのは二〇一四年（平成二十六）のことであった。

『海を感じる時』は冒頭部分、洋と恵美子のこのような会話ではじまる（講談社文芸文庫版、一九九五年）。

「海を見に行こう」

食事を済ませ、しばらく煙草を吸ったままおし黙っていた洋が、突然提案した。

「え？」

「ここから、海岸まで歩いても、十分くらいのものだろ。俺、海が見たいんだ。生まれてからずっと海を見てくらしてね。海がなんとなく、俺のいちばん休まる場所なんだ。東京にいると、やけに恋しくなるし」

「あたし、城山に登ろうと思っていたのに」

「海だ」

「城山だって、T湾が見わたせるのよ」

「それじゃあ、感じないんだよ。近くで見なけりゃ、身体ごと海を感じなければ」

「……」

海と子宮は隠喩の関係にあるというが、子宮は女性の身体に器官として存在しているだけではなく、男女ともに胎児として胎内に宿されている場所であるから、海は人類の太古の記憶を内在しているとともに、人にとっては自分史のなかにある太古の記憶に封じ込められた器官である。男と女では海と子宮に対する遠近法は、おのずと違ってくるのかも知れない。

性同一性障害という概念は（この小説とは関係ないが）、子宮に臨む遠近法の齟齬《そご》が生じることも一因になっているのだろうか？　邪推、勝手な想像であるが。

洋と恵美子の「海」に臨む姿勢と「海」を望む視線の差異は、内在する器官と現実の捉え方としての生と性の差異に関わってくる。この作品がもつもうひとつのテーマである、恵美子と母との愛と憎しみの両義性は、ともに胎内に「海」を有する者同士の葛藤のように思える。

小椋佳と『海を感じる時』、その解釈、そして五十嵐麻利江

シンガーソングライターの小椋佳（一九四四-）は、中沢のこの作品をいち早く、一枚のアルバム（LPレコード）として、書き下ろした。一九七七年（昭和五十二）のことである。全十四曲、小椋の作詞・作曲であるが、唄ったのはオペラ歌手の五十嵐麻利江で中沢と同じ一九五九年（昭和三十四）生

まれである。生まれ月も数か月しか変わらないこのふたりであった。

原作者の文章による表現を、小椋が詩（詞）と曲を通して解釈し、その解釈を若い女性オペラ歌手が、小椋によるフォークソングの技法を通して表現した、まさに秀逸な化学反応を私たちは耳にすることになったのである。私はもちろん学生であったが、なけなしのバイト代を手にして、発売と同時に購入した。当時は、もちろんわが国に消費税はなく二五〇〇円だった。そのレコードは、今も手元にある。「Ⓐ面」の一曲目は「海を見に行こう」、「Ⓑ面」の最後の曲が「海を感じる時」である。今のCDとは違い、表裏両面に溝が刻まれていて音楽を聴くことができたのがレコードだ。

小椋は、このレコードジャケットのなかの歌詞カードで短いエッセーを記している。その末尾の部分のみ引用したい。「……詩曲創りのなかで一点だけ留意したこと、それは18才の女性という作家の気負いをとり去ってみようということだけです。あとは、素直で有能な原作の筆の運びに従って唄づくりは極めて順調に進んだことを付言しておきたいと思います」。小椋の優しさや、豊かなリベラル・アーツという「自由な技能」を感じさせる一文で、最もそれを嬉しく感じたのは、中沢だっただろう。そして最も躍動した盤上の五十嵐の奏でた声音は、遠望する東京湾よりも身近な館山の海声だったのではないだろいうか。

針を落とす前に読んだ小椋の一文は、まさにその予感通りであった。

海を　海を　見に行こう　海を

うつむく19の　タバコのけむりが　青く染まるほど近く　海へ
寒さに投げだす　ひとりごとまでが　青く染まるほど近く

五十嵐麻利江「海を見に行こう」（作詞・作曲：小椋佳、一九七七年）

18の私の中に　海を感じる時　18の私の中を　海が広がる時
18の私の中の　海が漂う時　この海を知って　私はどこへ
この海を連れて　私はどこへ　この海を越えて　私はどこへ

五十嵐麻利江「海を感じる時」（作詞・作曲：小椋佳、一九七七年）

3　鎌倉と海

真白き富士の嶺……

「真白き富士の嶺　緑の江の島……」ではじまる歌、「七里ヶ浜の哀歌」が最初に唄われたのは一九一〇年（明治四十三）のことであったという。そして個人的ではあるが、私がこの歌を聴いたのは、小学生の頃であった。その後この歌が唄われた経緯を知ることによって「鎌倉の海、湘南の海」に間接的にではあるが、初めて触れることになる。それは、ザ・ワイルドワンズの「想い出の渚」（一九六六年）と出会ったころだった。前者は「昭和歌謡」よりもはるか以前のことである。

一九一〇年（明治四十三）一月に、逗子開成中学校の生徒十二名が漕ぎ出したボートが転覆し、全員が死亡するという水難事故があった。そして翌月に行われた追悼式で、当時鎌倉女学校の教師だった三角錫子（一八七二－一九二一）が、アメリカの讃美歌を借りて作詞し女学生たちが唄ったのが、この歌だった。この事件は、二度にわたり映画化され主題歌としてこの曲が女性歌手によって歌われ、多くの人たちが愛唱するようになった。私たちが小学生の頃にこの曲を知ることになる誘因は、「琵琶湖哀歌」（この曲については、追って簡単に触れたい）という楽曲を授業で習い、その関連から紹介されたことによる。

のちに私はこの事件を下敷きにして作家・宮内寒弥（一九一二－一九八三）が著した『七里ヶ浜』（新潮社、一九七八）を大学生協の書籍部で見つけて購入、読んでみると決して美談では済まされない、背後にあったと思われる「事実」を知ることになる（ここで、詳細には触れないが）。

宮内の父親は、逗子開成中学の教師であったがこの事件の責任を取り、辞職に追い込まれている。背後の事実は、その忸怩たる思いの父親を想う書ともなっているということは記しておきたい。

私が鎌倉・七里ヶ浜の海を観に行ってみようと思いたち、初めてそこに立ったのは宮内のこの著作を読んだことがきっかけとなっている。藤沢から江ノ電に乗ってあえて江の島の駅で降りて、湘南海岸沿いを歩き七里ヶ浜に向かったことを覚えている。春まだ浅き頃であったので、少し寒風を浴びていた。そしてそれは私が訪れた、三度目の鎌倉だった。

湘南海岸の夏

「七里ヶ浜の哀歌」が、冬の哀悼歌であったのに対して昭和以降の「湘南」の歌の嚆矢となったのは、加山雄三（一九三七-）というスターの存在だったのではないだろうか。彼の音楽上の弟子ともいえる加瀬邦彦（一九四一-二〇一五）は、ザ・ワイルドワンズを率いてGSのブームを牽引した。加瀬はのちには、音楽プロデューサーとして多くの名曲を生み、とりわけザ・タイガースのリードヴォーカルで活躍後には、ソロ歌手としてデヴューした沢田研二（一九四八-）には、後世に残るであろう楽曲をいくつも提供して世に送り出している。

加山の影響を受けたのはもちろん加瀬だけではない。今回の拙著で登場した、さだまさしや桑田佳祐もそうである。

「七里ヶ浜の哀歌」は、讃美歌がベースになっているので、いわば長調、バラード風の印象が強い。現代の湘南の歌もバラード風の名曲は少なくない。例えば桑田の「真夏の果実」（サザンオールスターズ、一九九〇年）はその一例である。「涙があふれる悲しい季節は　誰かに抱かれた夢を見る」ものの、しっとりしたバラードでしんみりと謳いあげている。単調を使えば、「湘南演歌（エレジー）」になっていただろう。

ただ一方で、チューブが唄う数多くの夏の楽曲は、リズミカルでファンを踊りに誘う。

そういえば、ザ・タイガースの楽曲のひとつ「シーサイドバウンド」（作詞：橋本淳、作曲：すぎやまこういち、一九六七年）は、その先駆であったといえるだろう。

湘南の海といえば、夏とリゾート。サーフィン（これはもちろん夏の専有物ではない）、海水浴（古臭い言葉だが、夏目漱石の『こころ』（一九一四年）の時代にはすでにその名所となっている）、海の家（今は、湘南海岸沿いのこ洒落たカフェか）……そしてひと夏の恋（これもまた、なんとなくアナログ）などが歌のモチーフとして描かれてきた印象が強いのは事実であろう。夏のなかの非日常性を唄う、という場合によってはステレオタイプ。

しかし、こんな湘南の唄もある。

湘南へ帰る人達の　顔がとてもやさしい
すこし心が落ちついた　鎌倉すぎたあたり
なぜ海が見たいのだろう　もう若くもないのに
もしも沈む夕陽に間に合えば　ただそれだけのこと

湘南へ帰る人たちの　うでが西日に染まる
陽やけのあとが暖かく　Yシャツに触れている
なぜ海が見たいのだろう　もう若くもないのに
海に沈む夕陽を見届けて　ただそれだけのこと

かぐや姫「湘南　夏」（作詞・作曲：伊勢正三、一九七八年）

固有名詞のある歌謡曲のなかで、恋の出会いの非日常性との遭遇ではなく、日常の光景を観る人が確かにいる。彼は、「観光」のために来たわけではなく、また恋人かあるいは妻を伴ってきたわけでもなく、たったひとりで海を観るためだけに来ている。電車のなかは観光客もまれで、心が落ち着き、このまちに住まう人たちの仕事帰りのなか、仕事疲れをしていない人たちの優しい顔に安らいでいるのだろう。車窓からは、おそらくサーファーの姿も少なく、車内にはインバウンド客も、コンテンツツーリズム客もいない（これは一九七八年のことなので、それも当然か）。それだけで、海に沈む夕陽を観に来た甲斐があったというものだ。「観光」を目論んできたわけではないこんな「観光」が今の私たちには必要なのではないだろうか。コロナ禍で右往左往する二〇二二年・夏。

奇しくも、宮内寒弥の上掲書が上梓された年に、伊勢はこの楽曲をつくっている。記したように私にとっては三度目の鎌倉であった年である。その頃歩いた「小町通り」と直近で二〇二二年の初夏に訪れたこの通りとの間の落差は、コロナ禍の渦中でも驚きを禁じ得なかった。それは決してＮＨＫ大河ドラマ『鎌倉殿の13人』（二〇二二年放映）の影響のみではなさそうだった。

早朝の長谷駅から極楽寺へ

そのときの翌朝、私は伊勢とはおそらく逆に鎌倉から江ノ電に乗った。確かに観光客と思われる人たちは希薄で、藤沢方面へ向かう通勤客の日常を感じた。長谷駅で乗車し極楽寺駅（**図1**）で降りたが、成就院に向かう途上でもすれ違う人は、おそらくほとんどがここ周辺の人たちであった。この駅から乗って通勤に向かう人たち、街角でいわゆる「かど掃き」をする中年の女性や小学生たちの通学とそれを見守るシルバー人材の男性……。

かど掃きの女性に道を問うたときに彼女が示す笑顔は、伊勢がいう通りに「とてもやさしい」のを感じることができた。そして境内への途上の紫陽花越しに観る鎌倉の海は、確かに「少し心が落ち着いた」ように思われた。決して「もう若くもないのに」。

それにつけふと思い出したのが、西田幾多郎（一八七〇－一九四五）の随想「鎌倉雑詠」の一節であった。（『思想』第八十四号、岩波書店、一九二九年四月。『続思索と体験』所収、岩波文庫、一九八〇年）

図１　極楽寺駅

鎌倉にはなお廃墟らしい所が多い。……迷路のごとき鎌倉山の谷々はかかる人心を具象化しているように思われる。しかしそれだけまた深刻に人生の悲哀を感ずることも多く、我々の宗教心を動かし易い。

また司馬遼太郎は『街道をゆく　三浦半島記』のなかで、鎌倉について興味深く記し込んでいる。

私が歩いた、極楽寺周辺については「声をあげてほめたいほどに閑寂」であり「鎌倉の文化はこの閑寂さにあるといってよく、その原型は頼朝をふくめた代々の鎌倉びとがつくった」と司馬は述べる。

それと関連するかと思うが、司馬の「鎌倉幕府がもしつくられなければ、その後の日本史は、二流の歴史だったろう」という一節に惹かれる読者は少なくないだろう。「二流」という表現は、決して適切とはいえないだろう（私はもちろん日本史学を大学で学んだわけではないが）。しかし西洋史でいう「中世」への道筋を開いた鎌倉の歴史は、続けて司馬がいうように「農民──武士という大いなる農民──が、政権をつくった」のであり「律令制の土地制度という不条理なものから、その農地をひらいた者や、その子孫が、頼朝の政権によって農地の所有をたしかなものにした」という政治・経済史が確かに働いている。その実現のために、頼朝は義経をはじめとする肉親をも血で洗うという荒療治を断行している。

西田がいうように、「深刻に人生の悲哀を感」じ、「宗教心を動かし易」くしてきたまちであり、それが住まう人々の地域遺伝子を形成してきたのだろう。

季節外れの海を想う

海はもちろん夏だけのものではない。鎌倉の海は、四季を通して「ゆかし」と思う。とりわけ海水浴客がいない季節に海を感じる。これも私見ではあるが、夏・海水浴客に「もののあわれ」を感じ取ることができない。サーファーたちには、まだ季節に応じた「もののあわれ」があるように思われる。

しかし、それはおそらく感覚的なもので、確固たる理由を記す自信はない。私は、夏ではない海の歌として、ともにトワ・エ・モワ（男女のフォーク・デュオ）が唄ったふたつの歌に惹かれてきた。「誰もいない海」（作詞：山口洋子、作曲：内藤法美、一九七〇年）と「季節外れの海」（作詞：山上路夫、作曲：川口真、一九七二年）がそれだ。もちろん、似て非なるものであることはいうまでもない。そして、いずれも海の場所は歌詞のなかで明記はされていない（そこは、同じ歌謡曲であっても、演歌とは違うところだろう）。

前者は、もともとシャンソンのイメージでつくられたというが、トワ・エ・モアがフォーク調のアレンジで唄ったことによって大きなヒットを得た（山口洋子は、「よこはま・たそがれ」で五木ひろしを一躍スターダムにあげた作詞家の山口洋子とは同姓同名の別人で、まさに似て非であるが）。後者は、トワ・エ・モワのためにつくられた文字通りのフォークソング（カレッジ・フォーク）である。

今はもう秋　誰もいない海　知らん顔して　人がゆきすぎても
わたしは忘れない　海に約束したから　つらくても　つらくても　死にはしないと
トワ・エ・モア「誰もいない海」（作詞：山口洋子、作曲：内藤法美、一九七〇年）

夏のにぎわいは　どこに消えた　潮の香りする停車場
あの人の想い出が　忘られず　ただ一人やって来た　遠いこの海辺

季節はずれなら　あの日のお店も　今はさびしそう　扉をとざすよ
トワ・エ・モア「季節はずれの海」（作詞：山上路夫、作曲：川口真、一九七二年）

あえて、それぞれの一番しか示さなかった。この詩を初めてみたというひとは、続きを想像し、考えてみてほしい。すぐに察することはできると思うが、自己の再生への想いを海に託している。ただ前者は、愛する人を亡くした女性であり、後者は恋を失した女性であることは想像に難くない。そして、再生への想いや相手方への恋情や哀惜と未練を、流れる曲調の差異がそれぞれに、その感情を表現しているのである。この歌二曲は、鎌倉の海を想定してつくられたものかどうかは、もちろんわからない。

ただ上に引用した、西田の一節「しかしそれだけまた深刻に人生の悲哀を感ずることも多く、我々の宗教心を動かし易い」ことと併せ読み・聴くのも一興だろう。海が子宮の隠喩であるとしたら、いうまでもなく生と死を併せもつものを包含するのも海であり、見詰めているだけで宗教心も喚起される気がしてならない。

図２　成就院の紫陽花と海

珈琲休息《コーヒーブレイク》③　海と淡海をみつめて

紙幅に余裕があれば、東海の海、日本海や玄界灘、津軽海峡などいろいろな「海の歌」を記したいところですが、紙幅の関係で限定的となってしまいました。

珈琲休息③では、もうひとつの「うみ」すなわち、「あふみ」について記すことをお許しください。「あふみ」とはすなわち「近江」あるいは「淡海」のことです。記すことの理由は、私が淡海出身であるということも確かにあります。しかし作家・司馬遼太郎（一九二三－一九九六）の名連作『街道をゆく』は、近江・湖西のみちで、連載が始まっていることに惹かれます（『週刊朝日』一九七一年一月一日号）。そこで「淡い海」を感じることも、また一興ではないでしょうか。

淡海、琵琶湖の歌で私が惹かれたのは、「琵琶湖の少女」（唄：愛田健二、作詞：水島哲、作曲：黒瀬操、一九六八年）と「琵琶湖哀歌」、「琵琶湖周航の歌」です。いずれも、小学生の頃はじめて聴きました。「少女」はいうまでもなく歌謡ポップスであり、バラード仕立てになっています。そして「哀歌」と「周航の歌」はともに長調系であるが、古くから愛唱されてきた楽曲です。この二曲について、もう少ししかしできるだけ簡潔に記したいと思います。

「哀歌」が生まれた発端は、一九四一年（昭和十六）四月に起きた水難事故です。直前の章で記した逗子開成高校の事件を想起しますね（「七里ヶ浜の哀歌」）。実は、この琵琶湖水難事故は旧制第四高等学校（現・金沢大学。旧制高等学校についても、この拙著で記しています）のボート部が、琵琶湖で練習中に遭遇した突風で転覆し十一人の学生が亡くなったことに対する追悼歌として直後に創られ唄われたものです（作詞：奥野椰子夫、作曲：菊池博）。

そして東海林太郎（一八九八－一九七二）と小笠原美津子（一九二九－二〇一九）のデュエットによる歌唱で、テイチクレコードから発売されました（東海林が唄うときの直立不動の姿勢は、子どもの頃からしばしばテレビで見た記憶が印象に残ります）。この曲は、多くの歌手にカヴァーされています。私が、最初に聴いたのは東海林たちのそれではなく、堀田利夫のそれでした（テイチクレコード、一九六七年発売）。発売当時、私は琵琶湖にほど近い小学校の六年生でしたが昼休みに校内放送でしばしば流れていたのを聴いたのが最初でした。先に記しましたが、亡叔父がテイチクレコードに勤務していたので、このレコードを彼からもらったことを記憶していますし、この楽曲と堀田が唄うことになったきっかけなども聞いたことがあります。歌詞の冒頭で登場する「遠くかすむは　彦根城」と三番の末尾「オールをそろえて　さらばぞと　しぶきに消えし若人よ」がとても印象に残っています。ただ、この楽曲が最初に発表された段階では、まだ十一人全員の遺体は発見されていなかったということです。現代ならば、そのような状態でこのような歌を発表すれば、大変なことになりますね。これもまた時代でしょうか。

さてもう一方の「周航の歌」です。こちらは、旧制第三高等学校（現・京都大学）の寮歌のようにして愛唱されてきました。作詞者は、第三高等学校のボート部員であった小口太郎（一八九七－一九二四）という人です。作曲者は吉田千秋（一八九五－一九一九）ですが、ご覧のようにともに夭逝しています。とりわけ、吉田はなぞに包まれていた人のようですが、長浜市（滋賀県）が、竹下登内閣時の「ふるさと創生一億円事業」（一九八六年）で、発刊を始めた地域情報誌『長浜みいーな』（現在は『みーな　びわ湖から』）の編集部が調査した結果を、一九九七年（平成九）五月に誌面で公表しました（第四十六巻）。余談となりますが、この雑誌そのものの存在は、長浜市の矜持だと私は思っています。

編集部は「琵琶湖周航の歌はこうして生まれた」という特集記事を組んでいます。それを参考にして、吉田についての興味深いエピソードのみ記します。彼は、新津市（新潟県）の出身で父親は吉田東伍（一八六四－一九一八）という著名な歴史地理学者です。子どもの頃から病弱であったという千秋は、十五歳のときに肺結核を患いその療養のために、湘南茅ヶ崎の病院に転地療養していたそうです。そのときに、七里ヶ浜の水難事故を知り衝撃を受け、「七里ヶ浜の哀歌」をヒントにして「ひつじ草」という曲をつくり（一九一五年）、それが「周航の歌」の原曲になったというのです。しかしさらなる真実というのがあって、「ひつじ草」はイギリス民謡が原曲であったということがわかったのです。

いろいろと複雑怪奇な感もないわけではないのですが、「七里ヶ浜」「哀歌」「周航の歌」、この三曲のメロディが極めて似通っていることがわかる気がするエピソードです。そして「周航の歌」が広く知られるようになったのは加藤登紀子（一九四三－）がカヴァーして唄い、大きなヒット曲となったことに依るのです（一九七一年）。なお、加藤はその前年には「知床旅情」（作詞・作曲：森繁久彌、一九六〇年）カヴァーし、これも大ヒットを生んでいます。

「われは湖（うみ）の子　放浪（さすらい）の　旅にしあれば　しみじみと……」

「知床の岬に　はまなすの咲く頃……」

ともに、一九七〇年（昭和四十五）十月から、当時の国鉄によって開始された「ディスカバー・ジャパン」キャンペーンの時代を彩った二曲でもあったのです。

冒頭で記しましたが、司馬は『街道をゆく』の連載を「湖西のみち」から始めています。

「近江」というこのあわあわとした国名を口ずさむだけでもう、私には詩がはじまっているほど、この国が好きである。

古くより近江、琵琶湖を愛した文人墨客は少なくありません。新しいところでは、二〇二二年（令和四）に直木賞を受賞した今村翔吾（一九八四－）もそのひとりです。京都府生まれの彼は、今は滋賀に住み創作活動を行っています。

人間は常に迷うもので、だからこそ時に醜く、時に尊く、そして哀しくも美しいといえることではないか。琵琶湖を眺めていて、この湖は数えきれないほどの人の「迷い」に向き合ってきたのだろうとふと考えた。（『湖上の空』小学館文庫、二〇二一年）

これらからも連想されることとして、井上靖（一九〇七—一九九一）の名作『星と祭』のあることを、覚えておきたいものです。琵琶湖の美しい風景と、水難事故そして祈り、何よりも生と死が大きなテーマとなっています。もともとは一九七一年（昭和四十六）からおよそ一年間にわたって連載された新聞小説です（朝日新聞）。その後、単行本そして文庫化されたあと絶版となっていましたが、二〇一九年（令和二）に、地元の人たち有志の呼びかけとともに長浜市木之本町の能美舎より復刊されました。その経緯は、拙著『深堀り観光のススメ』（ナカニシヤ出版、二〇二一年）でも紹介しました。

終章

二〇二二年八月十五日

1　七十七回目の終戦記念の日に

ひとつの新聞記事

本書の執筆に着手したのは、二〇二二年（令和四）八月のはじめのことであった。この月の十五日といえば、いうまでもなく第二次世界大戦・太平洋戦争の終戦記念の日である。

この年は、七十七回目のその夏を迎えることになった（ゾロ目の数字は、転機を象徴するという人もいる）。一九四五年（昭和二十）八月十五日、ラジオから流れる昭和天皇の肉声、「玉音放送」を多くの国民が聴き「敗戦」の事実を確認した。録音されたこの放送は、テレビのドキュメンタリー番組やドラマなどの放映時にしばしば使用されるため、「戦争を知らない子供たち」も何度か聴いたことがあるはずだ。

それに先立つようにして六日には広島で、そして九日に長崎に着弾した原子爆弾。以降その原爆犠牲者の慰霊のための平和記念式典が「ヒロシマ」と「ナガサキ」で執り行われる。

それぞれのヒロシマとナガサキを思うにつけ、「果たして戦争は終わったのか」という感慨に襲われる人たちは少なくないだろう。と同時に、日本のそれぞれのまちのそれぞれの戦後についても同様だ。ウクライナ情勢や中国と台湾の緊張感等々が現代日本社会にそれが重ね合わされる二〇二二年の夏でもあった。

しかし「玉音放送」からのちの一九四九年（昭和二十四）に藤山一郎が唄った「長崎の鐘」（作詞：サトウハチロー、作曲：古関裕而）は、それ以上に人々の心に響き続け、あるいはまだ聴いたことのない人にも、聞けば響くに違いない。古関（一九〇九－一九八九）は生涯五千を超える自作曲のなかには戦意を高揚する曲もつくっている。それは、忸怩たる思いのなかで世の風潮に竿をさしたのかも知れないが、その可否は泉下の彼にしかわからない。したがって、「長崎の鐘」もどんな思いで曲を施したのか、それも私たちには推定の域でしかない。

しかし、「なぐさめ……」からの一節で、単調から長調に転換することによって「サビ」を刻印することで、聴く人の感動や感慨を強く呼び起こす。戦争の悲惨さと戦後の平和への希望と希求を心より祈念する想いを的確に表現する名曲といって良いだろう。

こよなく晴れた　青空を　悲しと思う　せつなさよ
うねりの波の　人の世に　はかなく生きる　野の花よ
なぐさめ　はげまし　長崎の　ああ　長崎の鐘は鳴る

召されて妻は　天国へ　別れてひとり　旅立ちぬ
かたみに残る　ロザリオの　鎖に白き　わが涙
なぐさめ　はげまし　長崎の　ああ　長崎の鐘は鳴る

藤山一郎「長崎の鐘」（作詞：サトウハチロー、作曲：古関裕而、一九四九年）

そんなことを思ううちに、八月十六日・火曜日付の朝日新聞朝刊の記事のなかのスポーツ欄に眼が留まった。高校野球・甲子園大会の記事だ。この大会の熱狂がいや増し中盤に至ろうとするころは、ちょうど終戦記念の日と重なり、ともに夏の風物詩ともなる。大会歌の「栄冠は君に輝く」は一九四八年（昭和二十三）に発表されているが、作曲者は古関である。

野球関連でいうと、彼は阪神タイガースや読売ジャイアンツ、中日ドラゴンズの応援歌も作曲している（それぞれ「六甲おろし」「闘魂こめて」「中日ドラゴンズの歌」）また、学校関連の曲も多くつくり、大学の応援歌やカレッジソングも数多い。なかには高校校歌も存在しており、私の母校はそのひとつである。高校入学時に配布された生徒手帳の校歌の欄に古関の名をみつけ、驚いた記憶が残る。古関に対する私の最初の記憶は、小学生のころによく観ていた、テレビの「のど自慢番組」の審査員のおじさん、というイメージではあった。それゆえに校歌の作曲者名を知ったときの驚きも大きかった。

バットを銃には替えさせない

さてその新聞記事のなかで私が思わず目を留めたのは、「バットを銃に替えさせない」という見出しであった。署名記事である。記者名は鷲見正之と記されていた。記事の冒頭部分で鷲見はいう。

「終戦の日の正午、阪神甲子園球場にサイレンが鳴り響く。3万1千人の観衆に黙禱が呼びかけられた。この日が近づくと、かつて岐阜総局で勤務していたころ、繰り返し聞いた名前を思い出す。松井栄造と近藤清。……」。

一九三六年（昭和十一）の第二十二回大会で岐阜商業学校（現在の県立岐阜商業高校、いわゆる県岐阜商高）は、初めての全国制覇を達成した。松井はそのときのエース投手で、春の甲子園・選抜大会での二度と併せて、三度の優勝投手であった。二学年後輩の近藤は名遊撃手。ともに早稲田大学に進学し、神宮球場をも沸かせる存在となった。しかし、太平洋戦争開戦（一九四一年（昭和十六））によって、彼らの野球への夢は断たれる。松井は一九四三年に中国湖北省で小隊長として肉弾突破を指揮する最中に頭部を貫かれての戦死、近藤は神風特攻隊員として四五年に鹿児島県第二国分基地から飛び立ち、沖縄近海にて自爆死するという筆舌に尽くしがたい非業の戦死を遂げた。第二十二回大会での岐阜商業の優勝メンバー中、レギュラー選手五人が戦争で命を落としている。

鷲見は「戦後七十七年。とても戦争が遠い過去のものとは思えない、夏が過ぎていく」と続け、児童作家の堀野慎吉（一九四九－）に対して行ったインタヴュー記事を挿入したうえで、こう結んでいる。「スタンドの記者席で目を閉じ、あらためて平和の尊さを考えた」と。

野球選手は南の海に散った

児童作家の堀野慎吉は、長良川の上流地域に生まれ、今も岐阜県（関市）で多くの著作をあらわしている。鷲見が注目したのは、そのうちの一冊『野球選手は南の海に散った～近藤清の青春～』（あ

図1　堀野の著書

とべの書房、二〇一五年）である（図1）。堀野の本文は子どもたちに向けつつ、大人たちにも伝えたいという、強いメッセージが私たちの心に響く。同じく岐阜出身で在住の画家、田口昌宏（一九六二－）の挿絵も心打つものがある。

　この物語の主人公は、名遊撃手であった近藤清である。彼の甥にあたる近藤幸義およびその親族の方々から丹念に取材し聞き取り、清の遺品等もしっかりと確認されたノンフィクション童話となっている。語弊を恐れずにさらにいえば、野球を愛した人とその家族たちのフォークロア、民俗誌でもある。

　清は一九二〇年（大正九）に金華山（山頂には岐阜城がまちを睥睨する）を望む長良川沿いに生まれ、一九四五年（昭和二十）に戦死、実質わずか二十四年の生涯で愛した野球と銃後の家族や友人たち、そしてさらにひとりの女性に想いをのせて（堀野によれば、清の母がそのことを思わせてくれる言葉を残している）本土決戦の沖縄上空に飛んだのである。

　さて、三十六年の岐阜商業初優勝以降の清の野球に関わる日々を、堀野の著書を参考にしながら簡単に触れておきたい。

　一九三八年（昭和十三）夏の甲子園、三十九年の春の甲子園、ともに準優勝。

翌年、早稲田高等学院、そして早稲田大学に進学後野球部入部し、先輩の松井栄造と再びともに神宮・六大学野球で早稲田を牽引する。

一九四一年（昭和十六）太平洋戦争開戦。一九四三年（昭和十八）には、野球はアメリカによる敵性スポーツとみなされ東京大学野球連盟は解散となる。そして、同年に「学徒動員令」（東条英機内閣）。

そうしたなか、学生たちの動きが大学当局をも促し、伝説となった「最後の早慶戦」が四三年十月十六日に戸塚球場で挙行された。その五日後に神宮外苑で雨中の「学徒出陣壮行会」が行われ、その隊列のなかに清はいたのである。この模様は、テレビのドキュメンタリー番組で今でも放映されることがあるので、観たことがあるという人も少なくないだろう。

四三年十二月、清は名古屋海軍航空隊に配属。

四五年（昭和二十）四月、特攻行き直前に岐阜に帰省した清は、岐阜商業野球部後援会長の自宅を訪れて、別れの挨拶をする。長良川沿いの道は桜が満開であったという。

このときの清の心情は、堀野の著書からの引用に頼ろう。

「残雪を残して白く光る伊吹の稜線。芽吹きの時を迎えて、淡く薄緑に染まる金華山の山並み。目に入るすべてのものが美しく愛おしかった。清ニイ《（ママ）》は、岐阜商業で野球に明け暮れた日々を思い出していた」しかし、時代の制約か野球部長は「立派に死んで来い……」というしかなかった。「遠くをみるようなうるんだ目で、ひとこと……」。

そして間もなく、清は空に舞い散った。彼はまだ沖縄の海に眠ったままである。

清流長良川と金華山の緑は、清が最後に観たそのときと変わらぬ美しさを今も湛え、そして誇っているかのようだ。

流れ流れて　長良川　空をうつして　花ひとつ
そっと咲きます　君かげ草
行く宛もない　さすらいの

高石ともやとナターシャセブン「君かげ草」（作詞：笠木透、一九七七年）

笠木透の詩

この詞（詩）の作者である笠木透（一九三七―二〇一四）は、岐阜県恵那郡岩村町（現在の恵那市）出身のシンガーソングライターであり、作曲者は盟友であった高石ともや（一九四一―）である。笠木は「フィールド・フォーク」を提唱し、中津川フォークジャンボリー（一九六九、七〇、七一年開催）を企画し運営を主導した。恵那郡付知町（現・恵那市）を中心に活動の輪を広めのちに福井県の名田庄村を拠点とすることになる高石ともやとナターシャセブンによる連作となるアルバム集（ＬＰレコード）「１０７ソング・ブックシリーズ」全十一枚にも大きく貢献した。「君かげ草」はそのなかのひとつ vol.5『春を待つ少女』に収録されている。

山と川の詩情豊かな岐阜で生まれ育ち、大学も地元の岐阜大学を卒業したのち、しばらくは教員をしていた笠木の経験は「フィールド・フォーク」という発想をさらに大きく育んでいったのだろう。Vol.7『山と川。』のジャケットの帯には、彼のメッセージが躍る。

「山と川」わたしがうたう歌ではない　あなたがうたう歌でもない
わが山々がわたしの歌　わが大地がわたしの歌

そしてこのレコードの歌詞カードに配された冒頭に、高石の言葉が刻まれている。

万葉集では人々の想いと山や川が肌と下着のように密着している。笠木透の詩は山と川と花がまことに多い。詩の用語がたまたま似ているというのではない。生活している実感から詩が始まっているのだなあと思ったものだ。'78春に万葉の地を訪ねながら日本を眺め直し、笠木透の詩を唄い直していた。彼は僕より数年上である。僕にフィールド・フォークの哲学を教えてくれた人である。しかし、僕の師匠ではない。現在の日本の土の

図２　長良川と金華山

上でもがいている同士であり、友人である。明日からまた一緒になって山に登り、川を下り、大声で唄い続けて行くだろう。

4.17.1978　京都にて　高石ともや

笠木と高石のこの一文を読むとまた、清と長良川の青春、そして平和であることの尊さを思い知らされるのではないだろうか。

2　果たして戦争は終わったのか？

民主主義の危機

しかし、堀野がこの本をどうしても著して世に問いたかった理由のひとつは、上梓された年とその周辺にもあるに違いない。二〇一五年（平成二十七）という初版刊行年を考えて欲しい。もちろん、戦後七十年という、ゾロ目ではない区切りの年に「若者たちを再び戦場に送らないために」という強い思いに促されたからである。なぜならば、二〇一五年はときの内閣（安倍政権）が「集団的自衛権」の行使を「閣議決定」し、同じく多くの国民の反対の声が上がるなかで、国民の知る権利を封じ込める「特定秘密保護法案」を国会で強行採決している。

平和と民主主義の危機は、軍靴を踏み鳴らす音とともに聞こえ来る状況を生み出していたそのときだったのである。堀野はこの本の「★あとがきにかえて★」のなかで、その憂慮の念を強く示している。

戦争が起きたとき、真っ先にそして最後までその大きな犠牲を払うのは、「野に咲く花」とそれを支えている心豊かな「土壌」であることを忘れてはならない。温室で、あるいは奇麗な鉢植えに咲く胡蝶蘭が犠牲になることは稀有なことではないだろうか。

歴史家の色川大吉（一九二五－二〇二一）は、堀野のこの著書と同じ年の二〇一五年に『戦後七十年史』（講談社）という著作を残している。その趣旨をときの政権への危惧とともに、序章で明らかにしている。

私は今の若い世代に遺物の経験と智慧を伝えておきたいと思う。」「戦争となったら、志願制の自衛隊員は多く辞めることになるでしょう。そうしたら、徴兵制が布かれ、あなた方が強制的に戦場に駆り出されることになるでしょう。いくら戦争に巻き込まれたくないと日本人が思っても、米軍の後方支援で……それはもう戦争の発端です。戦争はそういうことから拡大してゆくのです。私たちは、そういう経験をさんざん見てきました。

とりわけ、二〇一五年以降今日まで、いわゆる知識人のみならず多くの人々の脳裏のなかに「民主主義の危機」が刻まれる事件事例は余りに多い。

今一度、反戦の詩

堀野のこの本の最後に近い部分で記された一節を紹介したい。戦死した清を思う母のぬいの口癖と、命日の四月二十八日に必ず近藤家を訪れ仏壇に手を合わせたという若い女性に、ぬいが投げかけた言葉と銃後にも咲き続けた野の花の存在は重い。儚い希望と諦観。

「清は、きっとどこかで生きとる。いつか必ず帰ってきてくれる……」

「もう清のことはええから、忘れんさい。いい人を見つけた方がいい……」

太平洋戦争は終結したものの、一九五〇年（昭和二十五）に朝鮮戦争が開戦する。わが国はその特需景気によって、高度経済成長への助走期間を迎える。しかし、朝鮮半島では民族の分断の亀裂を大きく拡げてしまう。大韓民国（韓国）と朝鮮民主主義人民共和国（北朝鮮）は、三十八度線を境に、「祖国がふたつに分けられ」てしまう。

そうしたなか、一九五六年（昭和三十一）の『経済白書』は、「もはや戦後ではない」と謳いあげた。興味深いことに『厚生白書』はその六か月後に、「果たして戦後は終わったか」と記した。たった、この数行で語ってしまうことは確かに適切ではない。戦後政治史や戦後経済史のテキストとしたらそれは明らかに失格であろう。しかし今考えているこの本の最も基本となるのは、昭和歌謡であるということに免じてご寛恕いただきたい。

朝鮮戦争と南北の分断については、「イムジン河」（ザ・フォーク・クルセダーズ版、一九六八年）での印象が私にはある。そのことについては、あとで触れたい。

同じく広義に捉えてこの頃に反戦の詩として、私に強く刻印されたのはタイトルは似ているが、実際の内容は非なる「戦争を知らない子供たち」（1章でも触れた）と、「戦争は知らない」だった。三曲ともにそのとき私は中学生だった。

すでに記したことではあるが、中学三年生のときに私はふたりの友人とともに学校側の好意で全校生徒の前、体育館にて行うことができたフォークライヴでこの三曲も唄った。私見であるが、「イムジン河」と「戦争は知らない」にはより強い共感を覚えていた。

戦《いく》さ知らずに二十歳になって

「野に咲く花の名前は知らない……」ではじまるその歌は、詩人で劇作家であった寺山修司（一九三五－一九八三）が詞を書いている（作曲は加藤ヒロシ）。この楽曲は、ザ・フォーク・クルセダーズのために提供されたものではなかったが、彼らが唄ったことで（一九六八年）今も世に残り歌い継がれてきたのではないだろうか。五番まである歌であるが、歌詞の上では五番は一番の繰り返しで終わる。

野に咲く花の　名前は知らない　だけど　野に咲く花が好き
帽子にいっぱい　摘みゆけば　なぜか涙が　涙が出るの
戦争の日を　何も知らない　だけど私に　父はいない

父を想えば　あゝ荒野に　赤い夕陽が　夕陽が沈む
戦《いく》さで死んだ　悲しい父さん　私はあなたの娘です
20年後の　この故郷で　明日お嫁に　お嫁に行くの
見ていてください　遥かな父さん　いわし雲とぶ　空の下
戦さ知らずに　二十歳になって　嫁いで母に　母になるの
ザ・フォーク・クルセダーズ
「戦争は知らない」（作詞：寺山修司、作曲：加藤ヒロシ、一九六八年）

歌詞内容からわかるように、戦後およそ二十年の経過ということで一九六五年（昭和四十）前後を想定したとき、「女性である私」（現在の視点ではないので、「女性」）は、父の顔をみることなく（あるいは、全くその記憶がなく）嫁いでいく。

想定すれば、彼女（「私」）の今の齢は八十歳に近いはずだ。一方で「戦争を知らない子供たち」の「僕ら」は、彼女より二歳前後若い団塊世代の走りとなった人たちと推定できる。

『経済白書』と「僕ら」「戦争を知らない子供たち」。長かった髪の毛もすっかり白髪混じりで、疎らな影。そして一方で、『厚生白書』とみたことのない「悲しい父さん」を想う（そして、孫ができても彼らの曽祖父に想いを馳せ続けているに違いない）「私」。

繰り返していうが、『白書』という長文のなかでの、わずか一行で論じきることは社会を正しく診る眼とはいえない。しかし、わずかその象徴的一行が、ふたつの「名曲」の分水嶺になっている。

誰が祖国を分けてしまったの——北緯三十八度線

ザ・フォーク・クルセダーズ（フォークル）は、「帰ってきたヨッパライ」の大ヒットのあとのセカンドシングルを「イムジン河」（作詞：朴世永、訳詞：松山猛、作曲：高宗漢）と決めていた。しかしレコードもプレスされ発売予定の前日に突然の発売中止、放送自粛となる。一九六八年（昭和四十三）二月のことであった。小学校の卒業を間近に控えていた私は、このニュースに接したときの驚きを忘れることができない。政治の動きに敏感で早熟な少年だったわけでは全くなく、単に歌謡曲好きの平凡な小学生に過ぎなかったが、のちに中学校でバンドを組むことになるS君と顔を見合わせて話題としたときのことも覚えている。その経緯や詳細については、その後の「物語」とともにしばしば報じられ続けてきた。私たち音楽好きの少年たちの間でも話題となったのは、発禁決定後の代替曲をメンバーの加藤和彦が、「イムジン河」のコードを逆進行させて「悲しくてやりきれない」（作詞：サトウハチロー）を十五分でつくり発表したというのちに伝説となるような話であった。

しかし「自粛」であったため、京都放送（KBS）のラジオではしばしば流れてきた記憶がある。また多くの歌手（キムヨンジャをはじめとする韓国人歌手も含め）たちがこの曲をカヴァーし続けてきた。

その後、この当時のフォークルの音源を使って二〇〇二年（平成十四）に再販が実現しており、二〇二二年（令和四）九月には、その総集編のようにして七種の「イムジン河」を収録したＣＤが発表される。

イムジン河水清く　とうとうと流る　水鳥自由に　むらがり飛びかうよ
我が祖国　南の地　おもいははるか　イムジン河水清く　とうとうと流る
北の大地から　南の空へ　飛びゆく鳥よ　自由の使者よ
だれが祖国を　二つにわけてしまったの　誰が祖国を　わけてしまったの

（訳詞：松山猛）

訳詞者の松山猛（一九四六－）は京都生まれの京都育ち。作詞家としてのみではなくグラフィックデザイナーや作家としても多彩な顔をもつ人である。加藤和彦とは盟友でありフォークルを陰で支えた、ステージには立たない「もうひとりのメンバー」であった。そして、松山の存在がなければ、フォークルの「イムジン河」はなかった。同じく、フォークルのウッドベイシストであり、多くの詩（詞）を書きそして多くの歌い手にも詩（詞）を提供した北山修はこんな言葉を残している。

松山猛さんの訳詞と、朝鮮語で書かれた原詞とを見比べてもらいたい。この歌詞は、訳詞というよりほとんど作詞というべきだろう。原詞が北を中心にした考えを歌っているのに対して、北から南へ「飛び行く鳥よ自由の使者よ」と自由な交流に向けて歌っている。はっきり言って、歌詞が時代より早すぎたのである。（きたやまおさむ「「イムジン河」が聴こえる」松山猛『少年Mのイムジン河』木楽舎、二〇〇二年）

これは、松山に向けた最大の誉め言葉であろう。そして加藤もまた松山のこの著書の冒頭部分で、北山と同じく賛辞を寄せている。

はるか北の大地から、不思議な運命で我々のもとに届いた。しかし「イムジン河」に命を与えたのは、我々であると思う。誰がこの原曲を口ずさみたいであろうか。誰がこの原曲の歌詞に涙するであろうか。不遜を承知でこんなことを言う。「イムジン河」はイムジン河であって、リムジンガンではないのである。こうして国境を越え「イムジン河」は日本人の歌にもなったのである。「イムジン河」はいつまでも私と松山にとって青春の河なのである。（同前書）

加藤がいう「リムジンガン」とは、ハングル語での発音であることはいうまでもない。

少年・松山猛と「イムジン河」

松山にとっての「イムジン河」は、その少年時代に始まっていた。「三つ子の魂百までも」あるいは松山のような人であれば「栴檀は双葉より芳し」というべきか。感受性が豊かな心優しい少年だったことは、「イムジン河」との出会いを中心に綴られた自伝ともいえる『少年Mのイムジン河』を読めばよく解る。小学校の高学年であれば、十分にわかる様な記述がなされている。最後の部分で記された「長いあとがき」も中学生以上であれば容易に読み解けるだろう。

松山によると、彼が暮らしていた「京都の小さな町」（東山の泉涌寺、東福寺界隈）は、「ぼくが三輪車でかけまわるテリトリーには、実にいろいろな文化がモザイクされて」いたと回想する。町内には、朝鮮戦争で負傷したり病を得た若い米軍兵士たちがたくさん収容されている病院もあり、奥の谷のある地域には、朝鮮半島から来た人たちが暮らしていたという。そしてチマ・チョゴリ姿の女性や焼き物職人、陶芸家の人たちが普通に暮らすまちでもあった。当然、小学校や中学校の同級生の親たちはいろいろな職業で多様、「みんなけんめいに生きていたし、ぼくはみんなが仲よく暮らしているものとばかり思っていましたが、やがてこの世の中には、おたがいに認め合いにくい、難しい問題があることを知」るようになっていった。「学校の外では市立中学生と、朝鮮系の学校の生徒のいがみ合いが続き、けんか騒ぎがしょっちゅう起こるような時代だった」という。

そこで松山は、いつも生徒の立場を尊重してくれる教師（原田先生）に相談して、朝鮮中学校と彼の通う市立中学校で、対抗試合をしてスポーツを通して理解し合い、親睦を深めようという企画を考えるのであった。松山らは交流サッカー試合を申し込むために、放課後の時間を使い、路面電車に乗って朝鮮中高等学校に赴くことになった。

そのとき「どこかの教室から、あの美しい歌が流れてきた」と松山はいう。「♪イムジンガン　マルクウン　ムルウン　フルロフルロ　ネルゴ……」。「そのどこかものがなしいメロディは、ぼくのたましいの純情を射抜いてしまいました」というのが当時の松山の強烈な実感であったようだ。「リムジンガン」を「イムジン河」として、日本人と日本に住まう人々に伝えるために、そしてひいては北と南の平和の懸け橋にしたいという願いのために、松山の第一歩が始まった瞬間であった。

終わらざる物語

映画監督・井筒和幸（一九五二―）の作品『パッチギ』（二〇〇五年）は、松山のこうした体験がモチーフとなっている。その挿入歌は「イムジン河」である。

後日譚として「長いあとがき」のなかで、松山は語っている。実は、当時イムジン河を訪れたことはなく、「イムジン河」が発売禁止となって四半世紀後（一九九〇年代半ばか）に初めてその川に臨んだ。北と南の兵士たちが、それぞれの両岸から対峙するようにして警備を敷いているさまを観て、「『イムジン河』は、まだ終わっていない物語だった」という感慨を抱いたという。

ただ「イムジン河」は、決して松山だけの特別な体験ではないということは、いうまでもないことである。個人的な話しではあるが、私が小中学生の頃には「在日」の人たちが集住する地域（今はない）があった。そして「日本風」の姓名で名乗らない同級生もいたし、そうでない友人もいた。令和のいまから見れば古い話かも知れないが、かつて一九三九年（昭和十四）に、朝鮮総督府によって「皇民化政策」のひとつとして採られた施策に「創始改名」というのがあった。これも、「負の文化政策」のひとつであったと記憶しておいてほしい。もちろん、一九四五年（昭和二十）の終戦でそれはなくなっている。

私たちの世代は、彼らに対する差別意識はまずほとんどなかったと思うが、親たち以上の世代には少なからずあったのではないだろうか。「創始改名」もその遠因となっていたと思う。私たちの世代でも「在日」の人たちの側には、心のなかで忸怩たる思いや葛藤を感じている人たちは確かにいたはずだ。高校時代に「在日」の親しい友人がいた。「実名」を使用する彼はその頃は、おくびにも出さなかった。あれは十年ほどののちだっただろうか、酒を飲みながらではあったが、問わず語りで話す彼は父について語りながら、大粒の涙を流すのをみたときのことを私は忘れることができない。「戦争は知らない」私たちの世代にも、「イムジン河」は確かにあったということとともに。

永いあとがき

「いぐちみつぐのランブリング・ミュージック」

こんな本を書いてみたいと思ったのは、四半世紀近く前のことである。その頃私は岐阜市内の大学に勤務し、県内で随一といわれる柳ヶ瀬商店街から徒歩十分とかからない場所に住んでいた。亡父と亡祖父の生まれた家はもうないが、その柳ヶ瀬の弥生町だったと聞いている。

偶然にも私が岐阜に住まうことになったのも、そうした奇縁のひとつだったのかも知れないが、拙宅と柳ヶ瀬のちょうど真ん中あたりに、岐阜新聞社と岐阜放送の社屋があったことは、のちのさらなる奇縁となる。中学生だったころ、野球をすることを断念したあとに友人の影響でラジオをよく聴くことが趣味のひとつとなり、ラジオアナウンサーとして、またディスクジョッキーとして番組を担当することに憧れていたことがあった。

男子小中学生にありがちな野球選手になりたいという夢の、それは次善策でもあった（当時読売ジャイアンツの三番ファースト王貞治選手とサウスポーのエース高橋一三投手に憧れ、王選手にはファンレターまで送り、彼からは年賀状が届いたときは小躍りしたことを、昨日のことのように覚えている。古くからのジャイアンツファンには、叱責を受けるかも知れないが、長嶋茂雄選手と堀内恒夫投手はなぜか、あまり好きにはなれなかった。その理由は、自分自身でも明確には語ることはできない。おそらく直感的なものからだったように思う)。結局そのふたつ目の夢も叶わなかったが、岐阜の大学に勤務していたころ岐阜放送からお声がけを頂き、週一回十五分番組を担当することになった。子どものころの次善策の夢のほんの一端が、奇縁のごとくようやくかなった瞬間でもあった。

「いぐちみつぐのランブリング・ミュージック」という、いわゆる「冠番組」だった。提供は、市内で人気だったイタリアンカフェで、リクエストやファンレターを送れば抽選でそのお食事券が聴取者にプレゼントされるということになっていた。「ランブリング」すなわち「まちをぶらぶら歩きする」というイメージだが、先ず最初に、その日の一曲をかけて曲に纏わってぶらぶらまちを歩くイメージで語るという構成で番組は進行した。ありがたいことに、選曲やトークの構成はすべて局から私に任され、唯一局からの差配は、アシスタントに名古屋の女子大を出たばかりのアナウンサーが務めるということのみであった(これもまた奇縁であるが、その女子大には私は非常勤で教壇に立っていた)。

いろいろな曲をセレクトしたが、ジャンルとしてそのころには市民権を得ていた「Jポップ」に限定した。従って、地元唄「柳ヶ瀬ブルース」はあえて選曲していない。かけた曲の全てを記憶しているわけではもちろんない。しかし、その曲に纏わるまちであったり、同時代の世相を語ったりした。私は自分自身の記憶力の確かさや深さに、総合的な自信があるわけではないが、偏った部分では偏執狂的な記憶が残っているところがある。もちろん、百パーセント正確とはいえないので、誤認もあるに違いないが、その偏狭性も頼りにしながら語ったことを覚えている。今回の拙著もその偏狭ぶりの名残りはあることを否定はしない。

地名の出ない京都ソング

初回でかけた曲とそのときのことだけははっきりと覚えている。それは高石ともやとナターシャセブンの「街」だった。高石ともやが詩を書き、高石と木田高介によって曲が施されている。かけたときのトーク内容は、限られた時間であったがこのような話をした。当時のことを想い出しつつ振り返り、補足しながら文章に起こし記しておこう（まるで現在の自分が、過去の自分にから聴きとったような、「オーラル・ヒストリー」自分史（誌）版のようだが）。

作家、放送作家、作詞家など多彩な顔をもっていた永六輔は、高石にとって尊敬すべき盟友であったと思われる。永は高度経済成長期に、作曲家のいずみたくとコンビを組んで全都道府県の曲をふたりでつくり、全曲男性コーラスグループのデューク・エイセスが歌唱する「日本の歌シリーズ」を公表していた。昭和歌謡交響曲といってもよい。そのなかでも多くのファンを集めた曲は「女ひとり」だった。「京都大原三千院……」ではじまる抒情的かつ旅情的な曲を知る人は多い。高石はその永に励まされるようにして、固有名詞としての地名が出てこない京都の歌をつくることになった、という話を新聞記事で読んだ記憶がある（産経新聞だったと思うが）。この「街」は、一九七五年（昭和五十）の京都市民まつりのテーマソングとなり、評判を生み（学生だったその頃の私は、京都放送・ＫＢＳラジオでしばしば聴き入っていた）七七年末に「107ソング・ブックシリーズ」のなかのひとつとしてリリースされた。

「下駄の音　路地裏通り……」ではじまるこの歌は、「喫茶店」「古い美術館」「五重の塔」「石畳の鳩」「プラタナスの道」「大学通り」「流れる川」「走る路面電車」「背の低い山」と固有名詞が続き、最後は「この街が好きさ」「君がいるから……君の微笑みあるから」で結ばれている。「大学通り」という固有名詞としての通りの名は、もちろん京都にはない。おそらく「今出川通り」を想定しての詩だ。同志社大学を卒業したあと、名古屋での放送界での職と暮らしが久しくなった友人のT氏は、この曲を聴くと「ホロっと」来るそうだ（図1）。

図1　同志社大学と今出川通り

「柳ヶ瀬ブルース」（歌唱：美川憲一、作詞・作曲：宇佐英雄）と直前で記したが、この曲も実は私の昭和歌謡誌という「私的な字引」のなかでは思い出は深い。この曲のリリースは一九六六年（昭和四十一）で、私は小学校の五年生だった。先に亡父は岐阜生まれと書いたように、子どもの頃から私はよく父親や叔母に、柳ヶ瀬のデパートや飲食店に連れて行ってもらいお昼を食べたり、喫茶店でコーヒーを飲んだりしていたので、この曲はなぜか懐かしさに溢れた曲でもある。

その後、岐阜に勤務するようになったころ柳ヶ瀬のある飲食店（スナック）の女主人からまさに

「オーラル・ヒストリー」のようにして聴いた話が、歌謡曲がらみで印象に残っている。彼女によるとこの曲はもともと「長岡ブルース」だったらしい。「長岡」はおそらく伊豆長岡だと思う。しかし岐阜柳ヶ瀬の「流し」の人たちが、ギター抱えてその扉をたたくスナックで、「長岡を柳ヶ瀬として替え歌にしていたのが広まり、レコード会社（クラウンレコード）がそれを憲ちゃんに唄わせたら、大ヒット！わがまち柳ヶ瀬もそれで一躍全国区。今では、柳ヶ瀬も寂しくなって、カラオケのせいもあって「流し」さんはひとりしかいないんよ。」「流し」さんがその当時本当にひとりしかいなかったのかどうか、真偽のほどはともかくとして一九九九年（平成十一）のことであった。若い人たちは「流し」といってもわからないかも知れないが（図2）。

図２　柳ヶ瀬の「柳ヶ瀬ブルース」歌碑

重く響く碩学の言葉

「あとがき」の前口上が長くなってしまった。この拙著の執筆の動機などとるに足りず、わずか一行でも済んだかもしれないのに。しかしともかく、このような経緯で、記しはじめたわけである。

今まで私が聴いてきた広義の意味での「歌謡曲」が、何曲になるのか数えたこともなければ記憶にもない。しかし本文中で紹介した楽曲はすべて、今まで聴いてきた曲であり何度も聴き続けてきたものがほとんどである。「あるく・みる・きく・考える」（例えば、『宮本常一著作集31　旅にまなぶ』未來社、一九八六年）は、宮本常一が自身の肝に銘じ続けてきた言葉である。その足元にも私は及ばない。

しかしさらにここに「読む」を加えて実践することが肝要と私は思ってきた。もちろん、宮本が「読む」こともまた同様に大切に考えていたことはいうまでもないが。

序章・1章・2章では、リベラルアーツという自由で人文知的な技能の大切さを論じてみた（もちろん、あくまでも私見である）。私自身のなかでそうした技能が十二分に達成できていたとは決して思ってはいないが、小学校・中学校という義務教育の時代と高等学校での総合的ともいえる学びが、大人になってからの人文知的行為の実現には欠かせないのではないかと今になって改めて反省しつつ痛感している。そして自身のなかでそれが不十分であったことと、大きな偏り（わかり易くいうと、文系科目は好きでそのなかでもさらに好きなテーマに対しては偏執狂的なまでに興味を抱く。一方で理系科目は大嫌いで、それが苦手であるということを得意と思うような誤った気持ち）があったことをも悔いていることは否定しない。

直前の傍線部分について補足的に記しておきたい。子どものころからの総合的学びとは、決して小学生からの英語必修化やＩＴ教育の推進を重視せよ、というわけではない。それはむしろ逆だと私は思っている。誤解を恐れずにいうならば、人文知の基礎中の基礎を涵養しなければならないときに、そうした教育はむしろ大人になってからの「人」を疎外に追い込むのではないだろうか。

碩学たちの言葉は重い。柳田國男は、何を学ぶにしても「史心」が大切であると訴えた。司馬遼太郎は、「何よりも国語」といい、内田義彦は「社会科学的暴力」の非を論じ、「社会科学にも貫徹する底辺としての文学」の必要性を説いた。* この三人の思想家（民俗学者、作家、経済史家という違いはあれど）に通底する「人文知」は忘れずにいたいと、私は若いころから思ってきた。彼らのこうした考えについては、ナカニシヤ出版からの前々著『反・観光学――柳田國男から、「しごころ」を養う文化観光政策へ』（二〇一八年）で記したつもりだ。

＊内田が経済史家としてあえて、「社会科学的暴力」と「底辺としての文学」という言葉を使った『作品としての社会科学』という著作がある。どのような学問にも大切な思惟として、恐らく彼は、人文知そしてファストではないリベラルな知的技能がそれだと考えていたのだと思う。

さらにそれに先だった柳田の学問に対して、彼の高弟だった折口信夫は「柳田学」のベースを経済史学と規定したうえで、それを補うために「ふおくろあ《ママ》に導いた」と指摘している（「先生の学問』）。政策思想家としての柳田の原点は、若い頃のエッセイ「遊海島記」であったと私は信じている。ここには「フォークロア」に裏打ちされた地域経済・地域文化・地域観光等々を読み解くことができるヒントに溢れている。そしてこの文体の基調を成すものが、文学者であり詩人でもあった柳田の姿の支柱として存在している。

司馬については何よりも『街道をゆく』、この連作を通して、経済に浮かれ立つ前にしなければならないこと、あるいは高度成長期を見据えながら先進諸国や先進の成功事例のエピゴーネンにならないためには、「この国のかたち」がいかにあるべきかということを、知識ではなく知恵（智慧）で語りかけている。

私がその次にその名を挙げた、鶴見俊輔と宮本常一の視線は、さらに具体的に知恵（智慧）の大切さを語りかけてくれる。まさに誰もが身近で考え愛することができる大衆文化や地域社会を、衒学的な視点を抜きにして私たちに易しく、そして優しく語り掛けてくれているはずだ。

大衆文化の象徴としての歌謡曲

そしてそうしたなかでいえることとは、「三つ子の魂」は「百までも」大切にしなければならないということ、あるいは「百になっても」「三つ子の魂」は変容しない（できない）部分もあるということである。これは、人として生きるすべての人に共通することではないだろうか。「栴檀は双葉より芳し」人は、限られた能力を持つ人のみに当てはまる言葉だとしても「三つ子の魂百までも」は、万人に当てはまるのである。

今回の拙著は、「栴檀」には到底なり得なかった私が、「三つ子」のころより記憶にとどめることができた人々との出会い、文庫本を買って読むことがこよなく好きになった中学生のころ以来の経験。そして何より、気づいたら幼少時より大好きだった歌謡曲との遭遇が底辺で奏でられている。そしてさらにいうならば、時たまの旅を通して感じた「第三の場所（サードプレイス）」という非日常の時間と空間での愉楽と、「第一、第二の場所」という日常性のなかでの非日常性への模索としての、例えば職場（第二の場所）から拙宅（第一の場所）への帰路の途上で、道草する喫茶店で珈琲とともに独り愉しむ時間で考えたことなど……こうしたことがベースとなっている。これらの場所で費消する時間は、本書の2章で紹介した、哲学者・鶴見俊輔の「公的な字引」と「私的な字引」を引くときの愉楽を、自己のなかで改めて感じとることができるときであった。

そして、3章以降で広義の意味での「歌謡曲」を俎上にあげたのは、鶴見が大切に考えた「大衆文化」を象徴するもののひとつは、「歌謡曲」だと私は若い頃から思い続け、そして聞いてさらに聴き続けてきたからに他ならない。ただし、これまで何百曲かわからないが聴き続けてきたうちのほんの一部しか取り上げられず、しかも満遍なくとはいえないところにも「偏執狂」による「偏愛」の一端が覗いているだろう。

さて宮本常一は、物心共に自己を支えてくれた渋沢敬三からかつていわれたある言葉を記憶にとどめている。「君は学者になってはいけない」。この言葉もまた重い。私は職業柄、この重さを痛感せざるを得ず、渋沢からの言葉の又聞きであるが（宮本の言葉も彼からの直接ではなく、その著作から知ったにすぎないが）、それは学生時代から私の心のなかに宿っていたように思う。だからというわけではないが、この拙著は能うならば中高生や大学生になって間もない皆さんにもぜひ読んで欲しいと念じたところである。それゆえもあって、読みやすいように、本文中では一切「注」を施すことはやめ、出所等も文中で完結するようにした。

引用文献等も、誰もがすぐに見つけることができるような文庫本や新書本、それに近いものを使うように努め、「学者」のために書く「研究書」や「論文」の類は一切引用していない。

そして文庫本・新書本といっても、基本的には長い年月のなかで読み継がれたものを中心に紹介しているので、「すぐに役立つことは、すぐに役立たなくなる」ような、いわゆる「ハウツウもの」はない。鶴見と「大衆文化」と直前に記した。古典、あるいは現代の古典となり得るものは「大衆文化」と呼ぶよりも「高文化」（かつてそんな表現はあった）と思われるかも知れない。しかしそれが「文庫化」された瞬間に「すぐに役立たなくても、結果として長い人生の中で糧になり続けることのできる」ものとして、「大衆文化」が内包するはずの「教養」部分の一翼を担うことになるものだと思う。また「高文化」のダイレクトな世界ではなく、「大衆文化」の世界を描くことで古典となった作品（とりわけ文芸作品）は、数多い。「文庫化」はそれを支え続けてきた出版文化であり、多くの人々に多様な示唆を与え続けてきたはずである。ピンポイントの例で誤解を生むかもしれないが、夏目漱石の『坊ちゃん』などは、その典型ではないだろうか。

また本書は「読む・あるく・みる・きく・考える」ことを基本に、自分自身の「自分史・自分誌・生活誌」を中心に書き下ろしているので、私にいろいろ語ってくれた普通に生きる普通の人々（現代に生きる柳田的常民）の固有名詞はあえて記しはしなかった（イニシャルを使用した場合はあるが）。柳田國男がいう「目に一丁字なき」という文言は決して蔑視でもなく、それは私たち「常民」に対してのひとつの配慮でもあり、常民の思想が歴史的な時間のなかでいかに大切であるかということを伝えようとするものであった。そして私は、この本を創るうえで（生まれてこのかたといってもよいだろう）出会い、ご教示いただいたすべての人たちに感謝申し上げたい。柳田が『遠野物語』の冒頭で、佐々木鏡石からの聴き取りを踏まえて、「感じたるまゝを書きたり」と記している。もちろん、私風情がそれを真似るわけでは決してないが、小中高、あるいは大学で出会った先生方や友人たち、まちの人たちから教えられあるいは、聞いたり聴いた話を、私自身が「感じたまま」に記した部分も少なくない。いやむしろそれがほとんどであったといってもよい。したがって、多くイニシャルを使用したことや問わず語りのように記した部分についても、文責が筆者であることはいうまでもない。

学生時代の思い出と謝辞

この「あとがき」の最後に、学生時代の思い出話を綴っておきたい。経済学研究科在学中の修士論文で、講座派と労農派に関する研究が多く中心となりがちな「日本経済史」の論考を記す際に、柳田の『遠野物語』を最大の先行研究とした。主査と副査併せて三人の教官はみな「合格」としてはくれたが、主査である教官から「君の論考は文学経済学だね」とダメ出しされたことは記憶に大きく残る私の「自分誌」だった（しかしそれからおよそ十年ののちに「文化経済学」という考え方が、わが国でも市民権を得ていくことになったのも、嬉しい自分誌だった）。

ここで固有名詞をだすことになるが、「文学経済学」も大いに結構！と励ましを与えてくれた先生もいた。当時若き「専任講師」で、私たち学生の間でもその将来を羨ましく思っていた山田鋭夫先生（一九四二－）だ（現・名古屋大学名誉教授、わが国のレギュラシオン理論研究の第一人者として、今も研究の世界等で活躍されている)。もちろん、主査も副査も「教授」が担当するので私の審査とは直接の関わりはなかった。しかし先生からは、上で紹介した内田義彦の思想の大切さもご教示いただいたことはまた感謝の念に耐えず、痛み入るところであるし、おそらくそうしたことが奇縁にもなったのか、今でも先生からは貴重なご著書を新着間もなく頂戴している。

また1章で紹介した大学時代の恩師で英語担当のY先生とは、山岸政行先生である。今は泉下の人となられ久しくなってしまった。しかし先生は、語学を単に「技術」という「アーツ」としてではなく、「自由な想像力と創造力を発揮するための技能」としての「リベラルアーツ」について考えるヒントを早くにお教えいただいたと感じている。固有名詞は挙げないが拙著のなかで紹介した小中高校の時代に出会った先生方の存在も今は大きな糧となっている。

現在、私は大学で「文化政策」と「観光政策」を中心に講じている。とりわけ私たちの学生時代はごく一部の大学(例えば、立教大学など)を除いて、直截的に「観光」を学べるような場は、わが国においては稀だったのではないだろうか。それは中島みゆきの歌ではないが、「まわるまわるよ　時代はまわる」のかも知れないとふと思う瞬間なのかも知れない。「回る」のか「変わる」のかは分からないが。

ただカミングアウトすれば、私は学部的、研究科的、かつカリキュラム的にダイレクトに「文化」や「観光」を学生時代に学んできたわけではない。ゆえに(といういい方がよいか否かはともかく)「曲学阿世」のような「観光論」を論じたくはないと思い続けてきた。また「独学阿世」(捩って、私的な造語を使ってしまった）であってもいけないと銘じてきたつもりである。こうした事々もすべて、高度経済成長の直中以降という昭和から令和に至る文脈のなかで出会うことができた人々や読んできた本、聴いてきた楽曲、暮らしそして歩いてきた「まちたち」からえた恩恵に資するところが大きかったと思っている。

前掲書『風塵抄』のなかで、司馬遼太郎は「昭和史をみると、国家が国民に対して不正直になった例を見ることができる」という一文を残している。もちろんこれは、昭和の戦前史を評したものである。しかしそれが、平成、令和と続く現在に至るまでのなかでどのように改善されてきたのだろうか。「文化政策」にも「観光政策」にも正と負の両義性は存在する。何らかの形で、それと関わることが不可避な「歌謡曲」の世界でもそれは同様であろう。大衆文化という（いや、大衆文化であるがゆえに一層といっても良いだろう）、私たち「民間人（柳田的常民）」にとっては極めて身近な文化領域のなかであったとしても、その一端を一度立ち止まってゆっくりと考えてみることは決して無駄な作業ではない。

昭和そして平成が、私たちにとってより良き令和のための前奏曲であるためには、例えば何があっても「新しい戦前」を迎えてはならないということ、それはほんの一端であったとしても、歌謡曲もまたきっと示唆してくれているに違いない。

それら全てに感謝しつつ、そして最後になったが、ナカニシヤ出版の宍倉由高氏、石崎雄高氏、白石健一氏には衷心よりの謝辞を申し上げたいと思う。出版情勢のますますの厳しさが弥増すなか、このようなちょっと変わった拙著を、「三部作」の一番ややこしい三作目として世に出すために多様なまでのお骨折りをいただいたこと、ただひたすら痛み入るばかりである。

二〇二三年二月七日

昭和の香り雅が残る洛中・三条堺町の喫茶、
高田渡も愛したはずの「Ｉコーヒ」にて
コロンビアのエメラルドを傍らに

井口　貢

ヤ　行

ラ　行

ワ　行

サ　行

タ　行

ナ　行

ハ　行

マ　行

索引（曲名・アルバム名）

サ　行

タ　行

ナ　行

ハ　行

索引（アーティスト名・グループ名）

ア　行

カ　行

■著者紹介
井口　貢（いぐち・みつぐ）
滋賀県生まれ。滋賀大学経済学部卒業。滋賀大学大学院経済学研究科修士課程修了。岡崎女子短期大学助教授，岐阜女子大学文学部助教授，京都橘女子大学文化政策学部教授を経て同志社大学政策学部総合政策科学研究科教授。文化政策学・文化経済学専攻。
著作:『深掘り観光のススメ』（ナカニシヤ出版, 2021年），『反・観光学』（ナカニシヤ出版，2018年），『くらしのなかの文化・芸術・観光』（法律文化社，2014年），『まちづくり・観光と地域文化の創造』（学文社, 2005年），『文化経済学の視座と地域再創造の諸相』（学文社, 1998年），他。

昭和歌謡と人文学の季節

2023年 5月21日　初版第1刷発行

著　者　井口　貢
発行者　中西　良

発行所　株式会社　ナカニシヤ出版
〒606-8161　京都府左京区一乗寺木ノ本町15
TEL (075) 723-0111
FAX (075) 723-0095
http://www.nakanishiya.co.jp/

JASRAC 出 2302315－301
NexTone　PB000053696号

印刷／製本・モリモト印刷
装丁／白沢 正

＊乱丁本・落丁本はお取り替え致します。

ISBN978-4-7795-1736-5　Printed in japan

深掘り観光のススメ
―読書と旅のはざまで―
井口　貢

日本観光の「復活」は、コロナ以前への「復旧」であってはならない。正しい読書との相乗効果が、知的に積極的な旅をつくる。柳田國男の旅行論に学びつつ、人文学的旅の可能性を拓く観光学入門。　二二〇〇円＋税

言葉に出会う現在
宮野真生子

九鬼周造を出発点にオリジナルに発展・深化した、恋愛論、押韻論、共食論、母性論等論考に加え、書評・エッセイも多数収録。早逝が惜しまれる著者の珠玉の哲学論考集。　三〇〇〇円＋税

詩とモノを創る営み
―わかりえなさを抱きしめる―
澤田美恵子

茶道、香道、工藝…、日本の伝統文化の中にある、心を癒やす「型」とは何か。認知科学の視点と、気鋭の陶芸家らの挑戦という両面から迫る。詩人・谷川俊太郎氏おすすめの一冊。　二〇〇〇円＋税

トライアスロンの哲学
―鉄人たちの考えごと―
ラファエル・ヴェルシェール／加藤洋介 訳

自らもトライアスリートである哲学者が、「鉄人レース」の本質を哲学・心理学・社会学など多角的な視点から解き明かし、西洋思想史の流れに位置づける。ユニークかつ真剣な新しい哲学の名著。　二七〇〇円＋税

＊表示は二〇二三年五月現在の価格です。